民國文存

8

清初五大師集（卷三）
王船山集

許嘯天　整理

知識產權出版社

王船山是明清之際的思想家。本書共分四卷，收錄王船山的《思問錄》《俟解》《噩夢》《黃書》。書前有整理者許嘯天撰寫的新序。

本書適合對學術思想史感興趣者及相關的研究者閱讀使用。

責任編輯：文　茜　　責任出版：盧運霞
執行編輯：韓　帥　　動態排版：賀　天
特約編輯：譚　笑

圖書在版編目（CIP）數據

清初五大師集（卷三）・王船山集/許嘯天整理.—北京：知識產權出版社，2012.10
（民國文存）
ISBN 978-7-5130-1535-6
Ⅰ.①王… Ⅱ.①許… Ⅲ.①王夫之（1619~1692）—文集 Ⅳ.①B249.25-53
中國版本圖書館CIP數據核字（2012）第217761號

清初五大師集（卷三）・王船山集

Qingchu Wudashi Ji（Juansan）・Wangchuanshan Ji

許嘯天　整理

出版發行：	知識產權出版社		
社　　址：	北京市海澱區馬甸南村1號	郵　編：	100088
網　　址：	http://www.ipph.cn	郵　箱：	bjb@cnipr.com
發行電話：	010-82000860 轉 8101/8102	傳　真：	010-82005070/82000893
責編電話：	010-82000860 轉 8342	責編郵箱：	wenqian@cnipr.com
印　　刷：	北京中獻拓方科技發展有限公司	經　銷：	新華書店及相關銷售網站
開　　本：	720mm×960mm　1/16	印　張：	10.25
版　　次：	2012年12月第一版	印　次：	2012年12月第一次印刷
字　　數：	125千字	定　價：	32.00元

ISBN 978—7—5130—1535—6/ B・064（4387）

出版權專有　侵權必究
如有印裝質量問題，本社負責調換。

民國文存

（第一輯）

編輯委員會

文學組

組長：劉躍進

成員：尚學鋒　李真瑜　蔣方　劉勇　譚桂林　李小龍
　　　葉曄　吳冠文　鄧如冰　金立江　張新贊

歷史組

組長：王子今

成員：秦永洲　張弘　李雲泉　李揚帆　姜守誠
　　　吳密　姜鵬

哲學組

組長：周文彰

成員：胡軍　胡偉希　彭高翔　干春松　楊寶玉

出版前言

民國時期,社會動亂不息,內憂外患交加,但中國的學術界卻大放異彩,文人學者輩出,名著佳作迭現。在炮火連天的歲月,深受中國傳統文化浸潤的知識份子,承當著西方文化的衝擊,內心洋溢著對古今中外文化的熱愛,他們窮其一生,潛心研究,著書立說。歲月的流逝、現實的苦樂、深刻的思考、智慧的光芒均流淌於他們的字裡行間,也呈現於那些細緻翔實的圖表中。在書籍紛呈的今天,再次翻開他們的作品,我們仍能清晰地體悟到當年那些知識分子發自內心的真誠,蘊藏著對國家的憂慮,對知識的熱愛,對真理的追求,對人生幸福的嚮往。這些著作,可謂是中華歷史文化長河中的珍寶。

民國圖書,有不少在新中國成立前就經過了多次再版,備受時人稱道。許多觀點在近一百年後的今天,仍可說是真知灼見。眾作者在經、史、子、集諸方面的建樹成為中國學術研究的重要里程碑。蔡元培、章太炎、陳柱、呂思勉、謝無量、錢基博等人的學術研究今天仍為學者們津津樂道;魯迅、周作人、沈從文、丁玲、梁遇春、李健吾等人的文學創作以及傅抱石、豐子愷、徐悲鴻、陳從周等人的藝術創想,無一不是首屈一指的大家名作。然而這些凝結著汗水與心血的作品,有的已經燬於戰火，有的僅存數本，成為圖書館裡備受愛護的珍本，或成為古玩市場裡待價而沽的商品，讀者很少有隨手翻閱的機會。

鑑此，為整理保存中華民族文化瑰寶，本社從民國書海裡，精心挑出了一批集學術性與可讀性於一體的作品予以整理出版，以饗讀者。這些書，包括政治、經濟、法律、教育、文學、史學、哲學、藝術、科普、傳記十類，綜之為民國文存。每一類，首選大家名作，尤其是對一些自新中國成立以后沒有再版的名家著作投入了大量的精力，進行了整理。在版式方面有所權衡，基本採用化豎為橫、保持繁體的形式，標點符號則用現行的規範予以替換，一者考慮了民國繁體文字可以呈現當時的語言文字風貌，二者顧及到今人從左至右的閱讀習慣，以方便讀者翻閱，使這些書能真正走入大眾。然而，由於所選書籍品種較多，涉及的學科頗為廣泛，限於編者的力量，不免有所脫誤遺漏及不妥當之處，望讀者予以指正。

目　錄

新序 ··· 1

後序 ··· 7

卷一　思問錄 ······································ 9

卷二　俟解 ·· 65

卷三　噩夢 ·· 81

卷四　黃書 ······································ 117

　　原極第一 ······································ 117

　　古儀第二 ······································ 120

　　宰制第三 ······································ 123

　　慎選第四 ······································ 132

　　任官第五 ······································ 135

　　大正第六 ······································ 139

　　離合第七 ······································ 144

編後記 ·· 149

i

新序

許嘯天

船山先生是怎樣的人？我們從他"六經責我開生面，七尺從天乞活埋"這兩句上，便可以知道他是一位苦志的著作家。我們中國的學術，固然大半是在六經裏面；但他也祇是一時代事實的紀錄，或是一時代學術的表現，傳述在後代，不是簡略，便是蕪亂。倘然老依着孔老夫子"述而不作"的話，不加整理，不加證解，那六經依然是個六經，我依然是個我，六經永遠得不到自我的實現，我永遠得不到六經的實利。中國的學術老沒有一個統系，老埋沒在故紙堆裏；祇能充古物陳列所裏的古物，不能成福國利民的一種科學。這都由於後代的學子，不肯加以整理，不肯加以證明，祇知道拿他來自己玩誦玩誦、自己享用享用的緣故。這經天緯地、濟生利物的六經之學，祇落得成了讀書人書桌上的清供、書架上的古董；最後，那讀書人自己也變成了富豪的清供、社會的古董！人和書，兩種都成了廢物。這不是書害了人，簡直是人害了書！不論一樣事物，一種學術，他在創始的時候，總是簡略的。這全靠後代的學者，不斷的整理，不絕的改造，纔能成功一種偉大的事業。西洋近代的學者，倘然不努力於整理研究，那所謂希臘文明，還不過是個希臘文明，決不能夠做到如今西洋這樣科學的文明；文藝復興，還不過是個復興到羅馬以前的文藝，決不能造成如今西洋的近代哲學。獨有我們中國的學子，祇因死守着"述而不作"的祖訓，對於學問，沒有創造的精神，沒有改革的膽量。不獨是對於六經之學，凡是周秦以來諸子百家的學術思想，祇知道在故紙堆中咬文嚼字，不肯在方法上研究研究、學術上發明發明、思想上佈傳佈傳。直把他耽誤了二三千年，儘讓他們後輩小子的什麼希臘文明、近世哲學跑上前去；我們這一部偉大的經史百家中國學問，到如今遂整理不出一個頭緒來。說也可憐！我們做中國人的，莫說受不到中國的學問；倘然有人問我們：你們中國有什麼學問？我簡直的回答不出來。我若回答說：我們中國有六藝之學，有經史之學，還有那諸子百家之學；這是滑稽的答語，也是一句笑話。試問所謂經史之學、諸子百家之學、六藝之學，是一個什麼學問？我依舊是回答不出來。所以老實說一句：我們中國，莫說沒有一種有統系的學問；可憐連那學問的名詞，也還不能成立。如今外面鬧的什麼國故學、國學、國粹學；這種不合邏輯的名詞，還是等於沒有名詞。試問國故是什麼？國故學又是什麼？況且立國在世界上，誰沒有一個國故？誰沒有一個歷史？便是誰沒有一個所謂國故學？誰沒有一個所謂經史之學？這國故經史，是不是算一種學問？好似我姓許的，能夠背三代祖宗的名姓履歷，是不是算一種本領？是否一種學問本領，是一種問題；這一種學問本領，是否人類社會所需要，又是一個問題。在我的見解，所謂學術者，須具有兩種條件：一種，是有統系、有理知的方法；一種，是拿這個方法，可以實現在人生，或是解決人生的困難，或是增加人生的幸福。沒有方法的，固然算不得是一種學術；這方法不能解決人生一部分問題的，也算不得是有用的學術。你看科學界上的天文、地理、數、理、化、力等學問，上至哲學、文學，誰不是各有他獨立的名詞？誰不是各具有學術條件上兩種的效用？從沒有像中國這樣籠統而無方法的國故學，可以在學術界上獨立一科的。倘然國故可以成功一種學術，那全地球上的各國，每一國都有他自己的國故；為什麼却不聽得有英國故學、法國故學、德國故學的名稱傳說？所以國故實在算不得是一種學問，我們中國的有"國故學"三字發見，正是宣告我們中國學術界程度的淺薄、智識的破產，而是一個毫無學問的國家！

　　翻過來說：中國的國故學，何嘗不是學問？中國的國故學，不但是中國的真學問，而且是全世界的真學問。那六經子史，我們一向認爲是哲學、文學的府庫的，裏面何嘗沒有科學？裏面不但有科學，而且有最深、最高、最豐富的科學；不但是科學，那政治學、社會學、法學、軍事學，以中國先進國家的資格，研究的格外周到，發明得格外在先。所以我說的國故學不是學問，是說國故學不能成功一種學問的名詞；那國故裏面，自有他的真學問在。倘然後代的學者，肯用一番苦功，加以整理；把一個囫圇的國故學，分晰出來，什麼政治學、政治史、社會學、社會史、文學、文學史、哲學、哲學史，以及一切工業、農業、數理、格物，一樣一樣的整理出來，再一樣一樣的歸併在全世界的學術界裏，把這虛無漂渺學術界上大恥辱的"國故學"名詞取銷。這樣一做，不但中國的學術界上平添了無限光榮，而且在全世界的學術上，一定可以平添無上的助力；因爲中國的文化，開闢在三千年以前，那六經全是中國文化的紀錄，再加周秦時期思想的發展，種種發明，種種經歷，都可以充得世界的導師，而與以無上的教訓。雖然，這件工作，談何容易，祇因經史是最古文化的紀錄，在他紀錄的時候，因求一時代的適合，總有一大部份是蕪雜的；諸子百家，是一時代環境造成的人生哲學，總有一大部份是簡陋不完的。這個現象，不但是中國，凡是初期的紀錄和初期的發明，都有這一點困難。希臘的文明，決不便是如今的西洋文明；柏拉圖的思想，決不便是如今德先生——德謨克拉西——的思想。這其間幾經整理，幾經改造，纔能得如今物質上、精神上的兩大成功。我們中國的學者，祇因不肯整理，不敢改造，所以直到如今，六經依舊是六經，諸子百家依舊是諸子百家。那國故是各種物質的原料，科學是從國故原料裏提出成分來製成的器物；如今我們中國的學術界，白丟着這許多豐富而又寶貴的原料，空感受器物缺乏的痛苦，這全是一班中國學者的罪。做中國學問，本來不是一件容易的事；祇因不曾經過整理，不但使後代學者找不出一個頭緒來——不得其門而入——便是找到了頭緒，好似走進了一座凌亂蕪雜的棧房裏面，都是片段的不適用的多。好不容易，用披沙淘金的工夫，整理出一點切於實用的學問來，學者僅僅拿他看作一種陶情適性的玩物，既沒有公開的著作，也沒有澈底的研究。前者摸過這一條黑衖，却不肯把黑衖裏的走法告訴人，一任那後者再去費一番摸黑衖的工夫。因此，中國的學術界，便永遠沒有進步，永遠沒有成功。我們倘然甘心永居於無學術國的地位，那便不用說了；倘然中國的學者，不甘自棄，還希望把中國的學術扶持出來，和世界的學術相見，非但相見，還要和世界的學術合併，使中國老前輩留下豐富而偉大的學術，使世界學術界得到一種偉大的幫助，那非努力於整理六經諸子的工作不可。這整理的目標有兩個：一是要精當而有統系；一是要適於人生實用。王船山先生的"六經責我開生面"是何等的有改造精神？"七尺從天乞活埋"是何等的肯努力於著作事業？況且船山先生做學問的方法，完全注力於"實用"兩字上；而他的人生哲學，尤其是指導出我們一條正確的路。梁任公說："先生之學，大半具要創造個人一派的哲學，而關於心理學部分的話尤多；其宇宙觀、人生觀，與宋明諸儒異點很多。據我個人觀察，船山先生是要創新哲學而未成。"至於他苦志著作的情形，在《船山遺書·薑齋公》——船山先生的號——《行述》裏的一段話，可以證明：

明人道以爲實學，欲盡廢古今虛妙之說而返之實。自潛修以來，啟甕牖，秉孤燈，讀《十三經》，《廿一史》，及張朱遺書；玩索研究，雖飢寒交迫，生死當前而不變。迄於暮年，體羸多病，腕不勝硯，指不勝筆，猶時置楮墨於臥榻之傍，力疾而纂註。顏於堂曰"六經責我開生面，七尺從天乞活埋"。於《四書》，及《易》、《詩》、《書》、《春秋》，各有稗疏：悉考訂草木、魚蟲、山川、器服，以及制度同異，字句參差，爲前賢所疏略者。蓋府君從少喜從人問四方事，至於江山險要，士馬食貨典制沿革，皆極意研究。讀史讀註疏，於書志年表考駁同異；人之所忽，必詳慎搜閱之，而更以聞見證之，以是參駁古今，共成若干卷。至於敷宣精義，羽翼微言：《四書》，則有《讀大全說詳解授義》；《周易》，則有《內傳》、《外傳》、《大象解》；《詩》，則有《廣傳》；《尚書》，則有《引義》；《春秋》，則有《世論家說》；《左傳》，則有《續博議》；《禮記》，則謂陳氏之書應科舉者也，更爲《章句》。其中《大學》、《中庸》，則仍朱子章句而衍之。末年作《讀通鑑論》三十卷，《宋論》十五卷；以上下古今興亡得失之故，制作輕重之原。諸種卷帙繁重，一一皆楷書手錄……

梁啟超說："此種書在科舉廢後，人都視爲平常；其實先生具有特別眼光，翻案文學很多。最有應響的，是排滿論調；所以同治年間印出此書，便造成光、宣之際一般的種族革命論，這是不可磨滅的。"《船山遺書》，我雖常常翻讀，但全書二百八十八卷——遺失的還有不少——不但這一部集子裏容納不下，而且不是涉略先生學問門徑的目前所需要。所以我先把關於先生思想一部分的著作——《思問錄》、《黃書》、《俟解》、《噩夢》等——整理出來，使讀者了解他一部分的人生哲學。此外我所要請大家注意的，是他一番整理經史的事業，使學問近於實用；所以看過這部集子以後，如有餘力，還須讀他的全書。我并希望後來的學者，繼續他別開生面的事業，去努力於整理六經！

十五，三，二六，在上海

後序*

　　述古繼天而王者，本軒轅之治；建黃中，拒閒氣殊類之災，扶長中夏以盡其材，治道該矣。客曰：昔者，夫子懲禍亂，表殷憂，明王道，作《春秋》；後儒紹隆其說，董、胡爲尤焉，莫不正道誼，細權謀。今子所撰，或異於是，功力以爲固，法禁以爲措；苟窮諸理，抑衍而論其數，雖復稱仁義、重德化、引性命，探天地之素，恐乖異乎《春秋》之度也。曰：何爲其然也？民之初生，自紀其羣、遠其害疹，擯其異類❶，統建維君；故仁以自愛其類，義以自制其倫，彊幹自輔，所以凝黃中之綱縕也。今族類之不能自固，而何他仁義之云云也哉？客曰：宰制所謨，以貽無疆，固當通其變而不滯其常。漢起西京，中興雒陽，子之所製定，燕薊爲會同之邦，不已固與？曰：王者相陰陽，定風雨，建之邦畿，爲宰治主，亦莫不用氣之厚，而固自然之宇也。是故羲農之都，或陳或魯，平陽、蒲坂、安邑、酇、相憑河東北以爲安處；長安、雒陽、大梁之土，後王宅之數百年之下，而後地力衰歇，漸以薄鹵。今燕薊之宅，受命而興者，女眞、韃靼曾不足以稱數。永樂定鼎，始建九五，水土未薄，天氣翕聚，天子守邊，四方來輔，後之所宅，固當踵蹟靈區，以光贊我成祖也。

　　客曰：賢哲制未亂，庸愚謀已然，立說之大凡也；今子所

＊ 此後序實爲《黃書》的後序，爲保持原貌仍放於此處，特此說明。——編者註

❶ "異類"二字原缺，原書代之以"□□"。疑原刻本爲避清朝統治者之忌諱。——編者註

撰，陳於數十年之前，可以救而保其堅，方茲陸沈，口口忽其斬焉，過述先事之失，爲期忌忿，子所謂"失魚而求筌"也。曰：孔子著《春秋》，定、哀之間多微辭言之，當時世莫我知，聊憯瘄而陳之，且亦以勸進於來茲也。昔者承平，禍亂未臻，法祖從王，是爲俊民；雖痛哭流涕以將其過，計進不效其言，而退必栽其身矣。天下師師，誰別玉珉，荏苒首解，大命以淪，於是哀其所敗，原其所劇，始於嬴秦，沿於趙宋，以自毀其極，推初弱喪，具有倫彝。故哀怨繁心，於邑填膈；矯其所自失以返軒轅之區畫，延首聖明，中邦作辟，行其教，制其辟，以藩扞中區，而終遠夷狄[1]，則形質消隕，靈爽亦爲之悅懌矣。

歲德在丙，火運宣也；斗建維辰，春氣全也；文明以應，竊承天也；太原之系，世胄緜也；爲漢大行，忠效捐也；悲懑窮愁，退論游也；明明我后，遜播遷也；俟之方將，須永年也。《黃書》之所以傳也，意在斯乎！

---

[1] "夷狄"二字原缺。疑仍與清朝的忌諱有關。——編者註

卷一　思問錄*

"學而時習之，不亦説乎？有朋自遠方來，不亦樂乎？人不知而不愠，不亦君子乎？"人性之善徵矣！故以言徵性善者，必及乎此而後得之；誠及乎此，則若火之始然、泉之始達、道義之門啟而常存；若乍見孺子入井，而怵惕惻隱乃桔亡之餘，僅見于情耳。其存不常，其門不啟，或用不逮乎體，或體隨用而流；乃孟子之權辭，非所以徵性善也。

目所不見，非無色也；耳所不聞，非無聲也；言所不通，非無義也；故曰："知之爲知之，不知爲不知。"知有其不知者存，則既知有之矣，是知也。因此而求之者，盡其所見，則不見之色章；盡其所聞，則不聞之聲著；盡其所言，則不言之義立；雖知有其不知而必因此以致之，不迫于其所不知而索之，此聖學異端之大辨。

目所不見之有色，耳所不聞之有聲，言所不及之有義，小體之小也；至於心而無不得矣，思之所不至，而有理未思焉耳。故曰："盡其心者知其性。"心者，天之具體也。

知、仁、勇；人得之厚，而用之也至；然禽獸亦與有之矣；禽獸之與有之者，天之道也。"好學近乎知，力行近乎仁，知恥近乎

---

* 據同治年間金陵刊刻之《船山遺書》（以下簡稱"同治本"），《思問錄》分爲內篇與外篇，自開始至本書第30頁"居處恭……"一段爲內篇，餘下爲外篇。——編者註

勇。"人之獨而禽獸不得與人之道也；故知斯三者，則所以修身、治人、治天下國家以此矣。近者，天人之詞也，易之所謂繼也；修身、治人、治天下國家以此，雖聖人惡得而不用此哉？

太虛一實者也；故曰："誠者，天下之道也。"用者皆其體也；故曰："誠之者，人之道也。"

無極，無有一極也，無有不極也。有一極，則有不極矣，無極而太極矣；無有不極，乃謂太極；故君子無所不用其極。"行而後知有道——道，猶路也——得而後見有法——德，猶得也。"——儲天下之用給天下之得者，舉無能名言之：天曰無極，人曰至善，通天人曰誠，合體用曰中，皆贊辭也。知者喻之耳，喻之而後可與知道、可與見德。

天不聽物之自然；是故絪縕而化生，乾坤之體，立首出以屯，雷雨之動滿盈，然後無爲而成；若物動而已隨，則歸妹矣——歸妹，人道之窮也——雖通險阻之故，而必動以濟之，然後使物莫不順帝之則；若明于險阻之必有，而中虛以無心照之，則行不窮，而道窮矣！莊生《齊物論》所憑者，照也，火水之所以未濟也，未濟以明測險，人道之窮也。

太極動而生陽，動之動也；靜而生陰，動之靜也；廢然無動而靜，陰惡從生哉？一動一靜，闔闢之謂也；繇闔而闢繇闢，而闔，皆❶動也；廢然之靜，則是息矣；至誠無息，況天地乎？維天之命❷於穆不已，何靜之有？

時習而❸說："朋來而樂"，動也；"人不知而不慍"，靜也；動之

---

❶ "而闔皆"三字原缺。——編者註
❷ "天之命"三字原缺。"維天之命，於穆不已"出自《詩經·周頌·維天之命》。——編者註
❸ "時習而"三字原缺。——編者註

靜也。嗒然若喪其耦，靜也，廢然之靜也；天地自生而吾無所不生。動不能生陽，靜不能生陰，委其身心如山林之高深、大木之穴竅，而心死矣！"人莫悲于心死"，莊生其自道矣乎？

在天而爲象，在物而有數，在人心而爲理；古之聖人于象數而得理也；未聞于理而爲之象數也。于理而立之象數，則有天道而無人道。

乾以易知，惟其健也；坤以簡能，惟其順也；健則可大，順則可久；可大則賢人之德，可久則賢人之業。久大者，賢人之以盡其健順也。易簡者，天地之道，非人之能也。

知至至之，盡人道也；知終終之，順俟天也；九三上不在天，下不在田，人道之所自立；故夭壽不貳，修身以俟命，所以立人道也。非躍而欲躍以強合乎天體；非潛而欲潛以委順而無能自紀；人道不立矣，異端以之。

誠，斯幾；誠幾，斯神誠；無爲，言無爲之有誠也。幾善惡，言當于幾而審善惡也。無爲而誠不息，幾動而善惡必審，立于無窮，應于未著，不疾而遠，不行而至矣。神也。

用知不如用好學，用仁不如用力行，用勇不如用知恥，故曰："心能拾性；性不知自拾其心。"

莊周曰："至人之息以踵；衆人之言動喜怒，一從膺吻而出，故縱耳目之欲，而鼓動其血氣，引其息于踵，不亦愈乎？"雖然；其多廢也，浚恆之凶也，五官，百骸心腎頂踵；雷雨之動滿盈；積大明以終始天下之大用，奚猶踵邪？

過去，吾識也；未來，吾慮也；現在，吾思也；天地古今以此而成，天下之亹亹以此而生，其際不可紊，其備不可遺。嗚呼難矣！故曰："爲之難曰先。"難泯三際者，難之須臾，而易以終身，小人之徼幸也。

乾稱父；父，吾乾也。坤稱母；母，吾坤也。父母者，乾坤之大德，所以繼吾善也。我日斯邁而月斯征，夙興夜寐，無忝爾所生，思健順之難肖也。

不畏心之難操則健；不疑理之難從則順。

"力其心不使循乎熟，引而之于無據之地，以得其空微，則必有慧以報之。"釋氏之言悟止此矣。覈其實功老氏之所謂專氣❶也，報之慧而無餘功，易也。爲之難者不然，存于中口歷至賾❷而不舍，溫故而知新，死而後已；雖有慧吾得而獲。

勇者，曾❸子之實體也。樂者，顏子之大用也。藏于無所用，體之不實者多矣，見于有所用，用之而不大也久矣！舜之飯糗茹草，若將終身；及爲天子，被袗衣，鼓琴，二女果，若固有之；以處生死視此爾，終日乾乾夕惕，若故無不可用也。先立其大者，以盡人道，則如天之無不覆，地之無不載；近取諸身，飲食居處，富貴貧賤，兼容並包而無疑也。非此而欲忘之，卑者不可期月，守高者且絕人理；而努狗天下，愈入于僻矣。

立人之道曰仁與義，在人之天道也，繇仁義行——以人道率天道也——行仁義，則待天機之動而後行，非能盡夫人之所以異于禽獸者矣。天道不遺于禽獸，而人道則爲人之獨繇仁義行。大舜存人道，聖學也；自然云乎哉！

陰禮，陽樂；禮主乎減，樂主乎盈；陰陽之撰，可體驗者，莫此爲顯。故曰："明則有禮樂；幽則有鬼神。"鬼神，陰陽之幾也，禮樂之蘊也。幽者，明之藏；明者，幽之顯也。知此則太極動而生陽，靜而生陰，陽有條理，陰有秩敘；非有以生之，則條理不

---

❶ "謂專氣"三字原缺。——編者註
❷ "歷至賾"三字原缺。——編者註
❸ "勇者曾"三字原缺。——編者註

成，秩敍亦無自而設矣。靜生秩敍，非幽謐闃寂之爲靜可知。嗚呼！靜之所生，秩敍之實，森森乎其不可斁，而孰其見之？

天者道，人者器，人之所知也。天者器，人者道，非知德者，其孰能知之？"潛雖伏矣，亦孔之昭；相在爾室，尚不愧于屋漏。"非視不見、聽不聞，體物而不可遺者乎？天下之器，皆以爲體而不可遺也。人道之流行以官，天府地裁成萬物而不見其迹。故曰："天者器，人者道。"

人欲鬼神之糟粕也，好學力行知恥；則二氣之良能也。

甘食悅色，天地之化機也。老子所謂："猶橐籥動而愈出者也。"所謂"天地以萬物爲芻狗"者也，非天地之以此芻狗萬物，萬物自效其芻狗爾。有氣而後有幾，氣有變合，而攻取生焉。此在氣之後也明甚！告子以爲性，不亦愚乎！

天之使人甘食悅色，天之仁也。天之仁，非人之仁也；天有以仁人，人亦有以仁天、仁萬物；恃天之仁而違其仁，去禽獸不遠矣。

有公理，無公欲；私欲淨盡，天理流行，則公矣；天下之理得，則可以給天下之欲矣。以其欲而公諸人，未有能公者也；卽或能之，所謂違道以干百姓之譽也，無所住而不稱愿人也。

風雨露雷之所不至，天之化不行；日月星之所不至，天之神不行。君子之言天，言其神化之所至者爾。倒景之上，非無天也；蒼蒼者，遠而無至極，惡庸知之哉？君子思不出其位，至于神化而止矣。

神化之所不行，非無理也，所謂清虛一大也；神化之所行，非無虛也，清虛一大者未喪也。清受濁，虛受實；大受小，一受賾。清虛一大者，不爲之礙，亦理存焉耳。函此以爲量，澄此以爲安。濁而不滯，實而不塞；小而不煩，頤❶而不亂。動靜各得其理，而量不爲詘，則與天地同體矣。若必舍其神化之迹，而欲如倒景以上之天，奚能哉？抑亦非其類矣。神化者，天地之和也。天不引地之升氣而與同神化，則否矣。仁智者，貌言視聽，思之和也；思不竭貌言視聽之材，而發生其仁智則殆矣。故曰："天地不交否，思而不學則殆。"

五性感而善惡分，故天下之惡，無不可善也；天下之惡，無不因乎善也。靜而不睹，若睹其善不聞；若聞其善，動而審其善之，或流則恆善矣。靜而不見有善，動而不審善；流于惡之微芒，舉而委之，無善無惡。善惡皆外，而外無所與，介然返靜，而遽信爲不染。身心爲二，而判然無主。末流之蕩，爲無忌憚之小人而不辭，悲夫！

善惡人之所知也；自善而惡，幾微之介，人之所不知也。斯須移易而已，故曰獨。

不學而能，必有良能；不慮而知，必有良知。喜怒哀樂之未發，必有大本。斂精存理，翕氣存敬，無幾遇之。墮氣黜精以喪我，而息肩者不知有也。

能不以慕少艾妻子，仕熱中之慕，慕其親乎？能不以羊烏之孝，蠭蟻之忠，事其君父乎？而後人道顯矣。順用其自然，未見其異于禽獸也。有仁故親，親有義故敬長。秩敘森然，經綸不昧。引之而達，推行而恆；返諸心而夔夔齊栗，質諸鬼神而無貳爾心。孟子之所謂"良知良能"，則如此也。

天地之塞，成吾之體；而吾之體，不必全用天地之塞。故資萬物以備生人之用，而不以仁民之仁愛物。天地之帥，成吾之性；而

---

❶ 據同治本，"頤"當爲"䪽"。——編者註

吾之性既立，則志壹動氣，斟酌飽滿，以成乎人。道之大用，而不得復如天地之帥以爲帥，故喜怒哀樂有權，而生殺不可以無心爲用。

天氣入乎地氣之中而無不浹，猶火之煖氣入水中也。性，陰之靜也；氣，陰陽之動也；形，陰之靜也。氣浹形中，性浹氣中；氣入形，則性亦入形矣。形之撰氣也，形之理，則亦性也。形無非氣之凝，形亦無非性之合也。故人之性雖隨習遷，而好惡靜躁，多如其父母，則精氣之與性，不相離矣。繇此念之，耳目口體髮膚，皆爲性之所藏。日用而不知者，不能顯耳。鳶飛戾天，魚躍于淵，道之察上下，于吾身求之，自見矣。

主一之謂敬，非執一也；無適之謂一，非絕物也。肝魂、肺魄、脾意、賢志，心神，不分而各營。心氣交輔，帥氣充體，盡形神而恭端，以致于有所事，敬一之實也。

無心而往，安而忘之曰適。主敬者，必不使其心有此一幾耳。

靜無而動有，天子皆靜無而動有也。奚以聖人爲靜？無而不昧其有，則明遠。動有者，有其靜之所涵，感而通、而不緣感以生則至正，乃以爲五常之本、百行之原也。

顏子好學，知者不逮也。伊尹知恥，勇者不逮也。志伊尹之志，學顏子之學，善用其天德矣。

世教衰，民不與行見不賢，而乃自省；知恥之功，大矣哉！

見不賢而內自省，求己嚴則爲之難，爲之難則達情而後過量之求，亦可以遠怨矣。

攻人之惡則樂察惡，樂察人之惡，則惡之條理熟厲薰心矣！愼之哉！

同歸而殊塗，一致而百慮。故"肫肫其仁，淵淵其淵，浩浩其天"，德無不備矣！誠未至者，奚以學之邪？默而識之，學而不厭，誨人不倦；所以行殊塗、極百慮而協于一也。

天下何思何慮，言天下不可得而逆億也；故曰"無思本也"，物本然也。義者，心之制，思則得之；故曰"思通用也"，通吾心之用也。死生者，亦外也，無所庸其思慮者也；順事沒甯內也，思則得之者也。不于外而用其逆億，則患其思之不至耳，豈禁思哉？

大匠能與人以規矩，不能使人巧。巧者，聖功也，博求之事物，以會通其得失。以有形❶象無形而盡其條理，巧之道也。格物窮理，而不期旦暮之效者遇之。

修辭立其誠，無誠之辭，何以修之哉？修辭誠，則天下之誠立。未有者，從此建矣；已有者，從此不易矣。孔子成《春秋》而亂臣賊子懼，誠也。

艮其背，不獲其身；行其庭，不見其人。旡咎之道焉耳。觀盥而不荐，非荐之時，然而必盥也；觀我生君子而後可旡咎，觀其生君子而後可旡咎，不然咎矣。內不見已，外不見人，而後得所止焉，其爲天理也孤矣！憂世之將剝而不與嘗試，非與臣言忠、與子言孝、居處恭、執事敬、與人忠以爲德，則且與之爲嬰兒，知之益明而益困矣。艮觀同道，故君子尤難言之。

履，德之基也；集義，素履也。宜兄弟，樂妻子，而一以戒慎不睹、恐懼不聞之德行之，所謂和而至也。九卦以處憂患，而此爲基；君子坦蕩蕩，修此故也。

見道義之重，則外物爲輕；故銖視軒冕，塵視金玉。純乎其體道義者，天下莫匪道義之府，物不輕矣。一介不以與人，一介不以取諸人，非泛然而以銖塵揮斥之也。處貧賤患難而不易其官天地、府萬物之心，則道義不息于已，而已常重矣。

----

❶ "有形"二字原缺。——編者註

獨知炯于衆知，晝氣清于夜氣，而後可與好仁惡不仁。

知地之在天中，而不知天之在地中，惑也：山川金石，堅确渾淪，而其中之天常流行焉。故濁者不足以爲清者病也，以濁者爲病，則無往而不窒，無往而不疑，無往而不憂。安汝止，惟幾惟康，被袗衣、鼓琴、二女果，若固有之；簞食瓢飲，不改其樂，無所窒也。奚憂疑之有哉？

言幽明而不言有無，至矣！謂有生于無，無有于有；不得謂幽生于明，明生于幽也。幽明者，闔闢之影也；故曰："是故知幽明之故，原始反終，故知死生之說。"

天尊地卑，乾坤定矣；卑高以陳，貴賤位矣；動靜有常，剛柔斷矣。此分而爲二，倍而爲四，參而爲六，剖而爲八；參乘四而爲十二，五乘六而爲三十；十二、三十相乘而爲三百六十，皆加一倍之定體也。知其說者，知天地之自然而已。若夫鼓之以雷霆，潤之以風雨；日月運行，一寒一暑，坎離乾道成男，艮坤道成女；兌交相摩盪而可大可久之業著焉。則未可以破作四片、破作八片之例例矣。以例例神化，因其自然而喪其匕鬯；天下之理奚以得，而人惡足以成位于中乎？

吉凶、得失、生死，知爲天地之常，然而無足用其憂疑，亦可以釋然矣。釋然之餘，何以繼之？職之以惡，而爲餘食贅行；繼之以善，以亦爲餘食贅行，憂疑自此積矣。知者不惑，仁者不憂；惟其不于吉凶生死而謀道矣。

言無者，激于言有者而破除之也。就言有者之所謂有，而謂無其有也，天下果何者而可謂之無哉？言龜無毛，言犬也，非言龜也；言兔無角，言麋也，非言兔也，言者必有所立而後其說成。今使言者立一無于前，博求之上下、四維、古今、存亡而不可得窮矣！

尋求而不得，則將應之曰無。姚江之徒，以之天下之尋求而不得者衆矣，宜其樂從之也。不略于明，不昧于幽，善學思者也。

畫前有易無非易也，無非易而舍畫以求之于畫前，不已愚乎？畫前有易故畫生焉，畫者畫其畫前之易也。

兩端者，虛實也，動靜也，聚散也，清濁也；其究，一也。實不窒虛，知虛之皆實；靜者靜，動非不動也。聚于此者散于彼，散于此者聚于彼；濁入清而體清，清入濁而妙濁，而後知其一也。非合兩而以一爲之紐也。節者，中之顯者也；喜怒哀樂之未發，而未有節者，存則發而中者，誰之節乎？豈天下之有節乎？是從其白于外之說矣。故周子曰："中也者，和也。"張子曰："大和所謂道卓矣。"雖喜怒哀樂之未發，而參前倚衡莫非節也，充氣以從志，凝志以居德；庶幾遇之閴寂窅者，失之遠矣。迫發而始愼之，必有不審不及之憂。

無不敬，愼其動也；儼若思，靜而存也；安定辭，立誠于天下也。儼若思，于是而有思，則節無不中矣。仁之熟也。

視思明，聽思聰，色思溫，貌思恭。奚以思之哉！儼若思之謂也。旁行而不流，安止而幾其功，密矣夫！

恃一端之意，知以天下嘗試之；強通其所不通，則私，故聖人毋意；即天下而盡其意，知以確然于一，則公，故君子誠意。誠意者，實其意也，實體之之謂也。

意虛則受邪，忽然與物感通，物投于未始有之中，斯受之矣。誠其意者，意實則邪無所容也；意受誠于心，知意皆心知之素，而無孤行之意。故曰："無意。"愼獨者，君子加謹之功善，後以保其誠爾。後之學者，于心知無功，始專恃愼獨爲至要；遏之而不勝遏，危矣！即遏之已密，但還其虛，虛又受邪之壑；前者樸而後者熹矣。泰州之徒，無能期月守者，不亦宜乎？

欲修其身者，先正其心，聖學提綱之要也。勿求于心，告子迷惑之本也。不求之心，但求之意，後世學者❶之通病。蓋釋氏之說，暗中之以七識爲生死妄本。七識者，心也；此本一廢，則無君無父，皆所不忌。嗚呼！舍心不講，以誠意而爲玉鑰匙；危矣哉！

求放心，則全體立而大用行；若求放意，則迫束危殆。及其至也，逃于虛寂而已。

默而成之，存乎德行；故德不孤，必有鄰，灼然有其幾而不可以臆測。無他，理氣相涵，理入氣則氣從理也；理氣者皆公也，未嘗有封畛也。知此，則亦知生死之說、存事沒寧之道也。

吉凶悔吝生于動，畏凶悔吝而始戒心于動，求其坦蕩蕩也。能乎哉？

神之格思，不可度思。待平旦之氣而後好惡與人相近，危矣危矣！不幸而僅有此，可不懼哉？

死生，晝夜也；梏之反復，則夜氣不足以存。故君子曰"終"，小人曰"死"。

浩然之氣，直養而無害，則塞乎天地之間；塞乎天地之間，則無可爲氣矜矣。間來無事不從容，無可爲氣矜者也。

盡性以至于命，至于命而後知性之善也。天下之疑，皆允乎人心者也；天下之變，皆順乎物則者也。何善如之哉！測性于一區，擬性于一時，所言者皆非性也，惡知善？

命曰降，性曰受；性者，生之理，未死以前皆生也，皆降命受性之日也。初生而受性之量曰生，而受性之眞爲胎元之說者，其人如陶器乎？

成性存存，存之又存，相仍不舍。故曰："維天之命，於穆不

---

❶ "者"字原缺。今據同治本補。——編者註

已。"命不已，性不息矣。謂生初之僅有者，方術家所謂胎元而已。

感而後應者，心得之餘也；無所感而應者，性之發也。無所感而興，若火之始然、泉之始達。然後感而動焉，其動必中，不立私以求感于天下矣；寂然不動，感而遂通天下之故，鬼謀也，天化也，非人道也。誠不必豫俟感而通，惟天則然；下此者，草木禽蟲與有之，蓍龜之靈是也。

大匠之巧，莫有見其巧者也；無感之興，莫有見其興者也。明發不寐，有懷二人，尋過去也；視于無形，聽于無聲，豫未來也。舍其過去未來之心，則有親而不能事，況天下之亹亹者乎。

孩提之童之愛其親；親死而他人字之，則愛他人矣。孟子言不學不慮之中，尚有此存；則學慮之充其知能者，可知。斷章取此以爲眞，而他皆妄，洵夏蟲之于冰也。

質以忠信爲美德，以好學爲極絕；學而游心于虛，吾不知之矣！導天下以棄其忠信，陸子靜倡之也。天下何思何慮？則天下之有無，非思慮之所能起滅，明矣。妄者，猶惑焉。

有不善，未嘗不知豫也；知而未嘗復行豫也。誠積于中，故合符而爽者覺；誠之者裕于用，故安驅而之善也輕。

聞善則遷，見過則改，損道也，而非益；不能無十朋之龜爲之寶鑑，則奚所遷而又惡得其改之道哉？悯于道，則憚于改矣！

水之爲漚，爲冰激之而成，變之失其正也；漚冰之還爲水，和而釋也。人之生也，孰爲固有之質？激于氣化之變而成形；其死也，豈遇其和而得釋乎？君子之知生者，知良能之妙也；知死，知人道之化也。奚漚冰之足云？

至于不可謂之爲無而後果無矣；既可曰無矣，則是有而無之也。因耳目不可得而見聞，遂躁言之曰無，從其小體而蔽也。善惡，可得而見聞也；善惡之所自生，不可得而見聞也。是以躁言之曰無善無惡也。

我戰則克愼也，祭則受福愼也；福者禮成而敏知，神享之，君子以爲福莫大焉。愼于物，愼于儀，愼于心；志壹氣合，雝雝肅肅，不言而靡爭，則禮成而敏，神斯享焉。疾風雷雨不作，災眚不生；志氣之感盛，孝子之養成矣。君子之所謂福也。

事人，誠而已矣，正己而無求于人，誠也；誠斯上交不諂，下交不瀆。故子路問事鬼神，而夫子以事人告之，盡其敬愛，不妄冀求；必無非鬼而祭之諂，再三不告之瀆。無他，不以利害交鬼神而已。

道莫盛于趨時：富貴、貧賤、夷狄，患難極于俄頃之動靜；云爲以與物接，莫不有自盡之道時馳于前。不知乘以有功，逮其失而後繼之以悔；及其悔，而當前之時又失矣。故悔者，終身于悔之道也。勤悔有悔，終身于葛藟，往而卽新，以盡其乾惕，然後得吉焉。故曰"吉行"，吉在行也。

君子之過，如日月之食，更新而趨時爾，以向者之過爲悔，于是而有遷就補綴之術，將終身而僅給一過也。

人役而恥爲役，如恥之，莫如爲仁。若子路，人告之以有過則喜，善用其恥矣！夫唯不以悔累其心也。

于不可恥而恥，則移其良恥以從乎流俗，而恥蕩然矣！故曰："知恥者，知所恥也。"

一以貫之，聖人久大之成也，曲能有誠，聖功專直之通也。未能卽一，且求諸貫，貫則一矣。貫者，非可以思慮材力強推而通之也。尋繹其所已知，敦篤其所已能，以熟其仁；仁之熟，則仁之全體現；仁之全體既現，則一也。

羣龍無首，故一積眾精以自彊，無有遺也；有首焉，則首一矣，其餘不一也。然後以一貫之。不然者，而強謂之然；不應者，而妄億其應。佛老以之，皆以一貫之之術也。

主靜，以言乎其時也；主敬，以言乎其氣象也；主一，以言乎其量也。攝耳目之官以聽于心，盈氣以充志；旁行于理之所昭著而不流；雷雨之動，滿盈而不先時以發：三者之同功也。

天地之生，人爲貴；惟得五行敦厚之化，故無速見之慧。物之始生也，形之發知，皆疾于人，而其終也鈍；人則具體而儲其用，形之發知，視物而不疾也多矣，而其既也敏。孩提始知笑，旋知愛親長；始知言，旋知敬兄；命日新而性富有也。君子善養之，則耄期而受命。

程子謂雞雛可以觀仁，觀天地化機之仁也。君子以之充仁之用而已。

佛老之初，皆立體而廢用；用既廢，則體亦無實。故其既也，體不立而一因乎用，莊生所謂"寓諸庸"、釋氏所謂"行起解滅"是也。君子不廢用以立體，則致曲有誠；誠立而用自行逮其用也，左右逢原而皆其真體。故知先行後之說，非所敢信也。《說命》曰："非知之艱，惟行之艱。"次第井然矣！

百物不廢，故懼以終始；于物有癈，偷安而小息，亦爲之欣然，學者之大害也。人欲暫淨，天理未還，介然而若脫于桎梏；其幾可乘，而息肩之心起矣。危矣哉！懼以終始，故憤；百物不廢，故樂。憤樂互行，陰陽之才，各盡則和，和而後與道合體。

極深而研幾，有爲己爲人之辨焉。深者，不聞不見之實也；幾者，隱微之獨也。極之而無問，研之而審，則道盡于己而忠信立，忠信立則志通而務成，爲己之效也。求天下之深而極之，迎天下之幾而研之，敝之以爲人而喪己；逮其下流，欲無爲權謀術教之淵藪，不可得也！

言無我者，亦于我而言無我爾；如非有我，更孰從而無我乎？

于我而言無我，其爲淫遁之辭可知。大抵非能無我，特欲釋性流情恣輕安以出入爾；否則，惰歸之氣老未至而輋及之者也。公者，命也，理也，成之性也；我者，大公之理所凝也。吾爲之子故事父，父子且然，況其他乎？故曰："萬物皆備于我。"有我之非私，審矣。迭爲賓主，亦饗舜堯之無我也。《春秋》書歸鄆讙、龜陰之田，自序其績，孔子之無我也；無我者，爲功名勢位而言也。聖人處物之大用也。于居德之體而言無我，則義不立而道迷。

有性之理，有性之法：性之理者，吾性之理，卽天地萬物之理；論其所自受，因天因物，而仁義禮知，渾然大公，不容以我私之也。性之德者，吾既得之于天，而人道立，斯以統天而首出萬物；論其所既受，既在我矣，惟當體之知能爲不妄，而知仁勇之性情功效。效乎志以爲撰，必實有我以受天地萬物之歸，無我則無所凝矣。言無我者，酌于此而後不徇辭以賊道。

魚在于渚，或潛于淵，逐物者不能得也。故君子爲己而天下之理得矣。

耳目口體，互相增長，以爲好惡，則淫矣；淫于衆人之淫，習舍己而化之，則溺矣。耳目口體，各止其所節自具焉，不隨習以遷；欲其所欲，爲其所爲，有過則知，而節可見矣。艮其背，不獲其身，背非身也，不于身獲之；行其庭，不見其人，身非人也，不于人見之。能止其所遏，惡之要也；循而持之，安而中節耳。順從欲不踰矩，自此馴致。

己十九而非己也。天下善人恆少，不善人恆多；誠而淫，邪而遁，私欲私意，不出于頗，而迭爲日新；喜其新而驚爲非常之美，驚喜移情而遂據爲己之畛域。故曰："習與性成。"苟能求其好惡之實，而不爲物遷；雖不卽復于禮，不遠矣！故曰："爲仁繇己。"

佛老之言，能動鯫甍而警之；然鯫甍可詢，而佛老不可詢。何也？人之患在好爲人師，但好爲師則無父無君，皆可不恤鯫甍，無爲師之心也。以鯫甍視佛老而奪其爲師之說，可也。片辭有採于其爲師之說，隱惡而揚善，不可也。隱惡揚善，則但得其爲師之邪，而不知用其鯫甍也。

不出于潁，一間而已❶矣！舜與蹠之分，利與善之間也。盡用其視聽心思于利害，則潁超于利害；則如日月之明，離于重雲之中，光明赫然，不可涯量。

因得失而有利害，利害生而得失隱昏也；不昧于利害之始，則動微而吉先見，奚利害之足憂？馳驅于生死之塗，孰爲羿之彀中乎？

待物感之不交而後欲不妄，待聞見之不雜而後意不私，難矣哉！故爲二氏之學者，未有能守之終身者也。推而極之，于其意之萌，未有能守之期月者也。

以天下而試吾說，玩人喪德之大者也。盡其才以應天下，發己自盡，循物無違，奚技倆之可試哉？

爲因物無心之教者，亦以天下而試吾無心之技倆者也；無所不用其極之謂密，密者，聖人之藏，異端竊之以爲詭祕。

氣者，理之依也；氣盛則理達，天積其健盛之氣，故秩敍條理精密變化而日新，故天子之齊曰膳大牢，以充氣而達誠也。天地之產，皆精微茂美之氣所成；人取精以養生，莫非天也。氣之所自盛，誠之所自凝，理之所自給；推其所自來，皆天地精微茂美之化。其醞釀變化，初不喪其至善之用；釋氏斥之爲鼓粥飯氣，道家斥之爲後天之陰。悍而愚矣！

---

❶ "己"，當爲"已"。書中有不少"己"、"已"、"巳"混用的情況，以下徑改，不一一出註。——編者註

先天而天，弗違人道之功，大矣哉！邵子乃反謂之後天。

知見之所自生，非固有；非固有而自生者，日新之命也。原知見之自生，資于見聞；見聞之所得，因于天地之所昭著，與人心之所先得。人心之所先得，自聖人以至于夫婦，皆氣化之良能也，能合古今人物爲一體者；知見之所得，皆大理之來復，而非外至矣。故知見不可不立也，立其誠也，介然恃其初聞初見之知爲良能；以知見爲客感，所謂不出于頰者也。悲夫！

堯、舜、禹、湯、文、武、周、孔相師而道不同；無忌憚之小人，不相師而所行若合符節。道理一而分殊，不學不慮，因意欲而行，則下流同歸也。謂東海西海，此心此理之同者，吾知其所同矣！

上天下地曰宇，往古來今曰宙。雖然，莫爲之郛郭也；惟有郛郭者，則旁有質而中無實，謂之空洞可矣。宇宙其如是哉？宇宙者，積而成乎久大者也。二氣絪縕，知能不舍，故成乎久大。二氣絪縕而健順章，誠也；知能不舍而變合禪，誠之者也。謂之空洞，而以虛室觸物之影爲良知，可乎？

不玩空而喪志，不玩物而驕德；信天地之生而敬之，言性道而能然者，鮮矣！

病則喜寂，哀則喜慼；喜者陽之舒，寂慼者陰之慘。陰勝而奪其陽，故所喜隨之而移于陰；非病與哀，則小人而已矣！帝出乎震，震來虩虩，笑言啞啞，樂在其中矣。故曰："吾未見剛者喜流于陰柔。"而以呴沫爲仁，以空闃爲靜者，皆女子小人之道也！

形而下者謂之器，器則老子所謂"當其無有車器之用"也。君子之所貴者，道也；以誠體物也。車器云乎哉？

無心而待用者，器而已矣。鏡與衡，皆器也。君子不器，而謂聖人之心如鏡空衡平可乎？鏡能顯妍媸而不能藏權，衡能測輕重而隨物以輕重，本無故也。明其如日乎，繼明以照于四方也；平其如水乎，維心亨行險而不失其信也。繼，恆也，信，恆也；有恆者，聖功之藏也。

道遠人，則不仁。夫孰能遠人以爲道哉？楊、墨、佛、老，皆言人也；誕而之于言天，亦言人也，特不仁而已矣。人者，生也；生者，有也；有者，誠也。禮明而樂備，教修而性顯。徹乎費隱，而無不貫洽之謂仁；竊其未有之幾，舍會通之與禮以邀變，合往來之幾，斯之謂遠人已耳！

謙亨君子有終。君子望道未見，而愛人不忍傷之，故能有終；小人欲取固與，柔遜卑屈以行其鈎致之術，則始于謙恆者，終于行師，謙不終矣！謙者，仁之不容已，而或流于忍，故戒之！

先難則慎，後獲則樂。地道無成，順之至也；獲與否，無所不順，其樂不改，則老將至而不衰。今之學者，速期一悟之獲；幸而獲其所獲，遂恣以佚樂。佚樂之流，報以脆瘨，惰歸之感，老未至而耄及之，其能免乎！誠則強，形乃著；明有成，形于中。規模條理，未有而有，然後可著見而明示于天下。故雖視不可見，聽不可聞，而爲物之體歷然矣。當其形也，或謂之言語道斷，猶之可也；謂之心行路絕可乎？心行路絕則無形，無形者不誠者也。不誠，非妄而何？

名之必可言，言或有不可名者矣，言之必可行，行或有不容言者矣。能言乎名之所不得限，則修辭之誠盡矣；能行乎言之所不能至，則藏密之用備矣。至于行而無所不逮，行所不逮者，天也，非人之事也；天之事行不逮而心喻之，心止矣。故盡心則知天，放其心于心行路絕者，舍心而下從乎意以遷流者也。志神氣交竭其才，寫實以發光輝，謂之盡心。

不識無迹之可循，不能爲之名也；不知不豫，測其變也。知能日新，則前未有名者；禮緣義起，俟命不貳則變。不可知者，冥升不息，以斯而順帝之則，乃無不順也。識所不逮，義自喻焉，況其識乎？知所不豫，行且通焉，況其知乎？此文王之德之純也，非謂絀識泯知而後帝則可順也。

誠于爲，則天下之亹亹者皆能生吾之心物，無非天象也；變，無非天化也；凶吉、得失、亨利、悔吝，無非天教也。或導之以順，或成之以逆，無不受天之詔。故曰："帝謂文王，無然畔援，無然歆羨。"誠于爲而已矣！

天繼故善，聖人緝故熙，人能有恆則曲能有誠，而形著明矣。

能一能十，非才之美者也；能百能十而不厭不倦，其才不可及已！得天之健故不倦，得地之順故不厭；好學力行知恥，皆秉此以爲德。其有恆者，生知安行者也。

吉凶成敗，皆有自然之數，而非可以人力安排；澹于利欲者，廓其心于俯仰倚伏之間而幾矣。乃見僅及此，而以億天理之皆然，遂以謂莫匪自然；而學問、思辨、篤行，皆爲增益，而其天理不相應。是以利之心而測義也，陋矣！故人心不可以則天道，道心乃能知人道。言自然者，雖極觀物知化之能，亦盡人心之用而已；盡其心者，盡道心也。

禹之治水，行其所無事；循乎地中，相其所歸，即以氾濫之水爲我用，以效濬滌之功。若欲別鑿一空洞之壑以置水，而冀中國之長無水患，則勢必不能，徒妄而已！所謂鑿也。言性者，舍固有之節文條理，鑿一無善無惡之區，以爲此心之歸，詎不謂之鑿乎？鑿者，必不能成，迨其狂決壘發，舍善而趨惡如崩，自然之勢也。

心浮乘于耳目而遺其本居，則從小體；心不舍其居而施光輝于耳目，則從大體。雖從大體，不遺小體；非猶從小體者之遺大體也。

天不言，物不言，其相授受，以法象相示而已。形聲者，物之法象也。聖人體天以爲化，故欲無言；言者，人之大畏也，紹天有力而異乎物者也。子貢求盡人道，故曰："子如不言，則小子何述爲。"豎指搖拂目擊道存者，吾不知之矣！

子孫，體之傳也；言行之迹，氣之傳也；心之陟降，理之傳也：三者，各有以傳之；無戕賊汚蝕之，全而歸之者也。

但爲魂，則必變矣。魂日游而日有所變，乃欲拘其魂而使勿變，魏伯陽、張平叔之鄙也，其可得乎？魂之游變，非特死也；死者游之終爾，故鬼神之事，吾之與之也多矣。災祥、險易、善惡、通否，日生于天地之間者，我恆與之矣。唯居大位、志至道者爲尤盛焉。

惠迪吉，徒逆凶之不差；居天下之廣居者，如視諸掌。欲速見小者，不能知爾！

習氣薰然，充滿于人間，皆吾思齊自省之大用；勿以厭惡之心當之，則心洗而藏密矣。三人行必有我師，非聖人灼知天地充塞無間之理，不云爾也！

無妄，災也；災而無妄，孰爲妄哉？故孟子言："好色好貨，於王何有？"昔且不妄，而況災乎？誠者，天之道也，無變而不正也。存乎誠之者爾。

形色，天性也；故身體髮膚不敢毁傷，毁則滅性以戕天矣。知之始有端，志之始有定，行之始有立；其植不厚，而以速成期之，則必爲似忠、似信、似廉潔者所搖。仁依姑息，義依曲謹，禮依便僻，知依纖察；天性之善，皆能培栽而覆傾。如物之始蒙，勿但憂其稚弱；正恐欲速成而依非其類，則和風甘雨亦能爲之傷。故曰："蒙以養正。"養之正者，學以聚之，問以辨之，寬以居之，仁以行之，則能不依流俗之毁譽、異端之神變，以期速獲而喪其先難。故曰："利禦寇。"

默而成之，樂也；不言而信，禮也。樂存乎德，禮存乎行；而樂以養德，禮以敦行。禮樂德行，相爲終始。故君子之于禮樂，不以斯須去身；然則無禮之則而言尚行，無樂之意而言養德者，其爲異端可知已。

知崇法天，天道必下濟而光明；禮卑法地，或徒王事，則知光大與天絜矣。天一而人之言之者三：有自其與地相絪縕化成而言者，有自清晶以施光明于地而言者，有以空洞無質與地殊絕而言者。與地殊絕而空洞無質，詎可以知法乎？法其與地絪縕成化者，以爲知其不離乎禮，固已卽其清晶以施光明于地者，亦必得地而光明，始凝以顯。不然，如置燈燭于遼廓之所，不特遠無所麗，卽咫尺之內，亦以散而昏。彼知所麗而言良知者，吾見其咫尺之內散而昏也！

知者，知禮者也；禮者，履其知也。履其知而禮皆中節，無禮則精義入神，日進于高明而不窮；故天地交而泰，天地不交而否。是以爲"良知"之說者，物我相拒，初終相切，心行相戾，否道也。

苟志于仁矣，無惡也；物之感，已之欲，各歸其所，則皆見其順而不踰矩。奚惡之有？灼然見其無語，則推之好勇、好貨、好色而皆可善，無有所謂惡也。疑惡之所自生，以疑性者從惡而測之；爾志于仁而無惡，安有惡之所從生而別爲一本哉？

言性之善，言其無惡也；既無有惡，則粹然一善而已矣。

有善者性之體也；無惡者，性之用也。

從善而視之，見性之無惡，則充實而不雜者顯矣；從無惡而視之，則將見性之無善而充實之體墮矣。故必志于仁而後無惡，誠無惡也，皆善也。

苟志于仁則無惡，苟志于不仁則無善，此言性者之疑也。乃志于仁者，反諸己而從其源也；志于不仁者，逐于物而從其流也。（體驗乃實知之）夫性之己而非物源而非流也明矣，奚得謂性之無善哉？氣質之偏，則善隱而不易發，微而不克昌者有之矣；未有雜惡于其中者也。何也？天下固無惡也，志于仁則知之。

五行無相尅之理，言尅者，術家之膚見也；五行之神，不相悖言，（木神仁、火神禮、土神信、金神義、水神知）充塞乎天地之間，人心其尤著者也。故太虛無虛，人心無無。

得五行之和氣，則能備美而力差弱；得五行之專氣，則不能備美而力較健。伯夷、伊尹、柳下惠，不能備美而亦聖；五行如太極，雖專而猶相爲備，故致曲而能有誠。氣質之偏，奚足以爲性病哉？

乘六龍以御天，位易而就不易也，乘之者不易也；博學而詳說之，以反約，則潛見躍飛，皆取諸源而給之。奚隨時而無適守乎？此之不審，于是無本之學，託于乘時觀化以逃刑而邀利；其說中于人心，而末流不可問也。

天德不可爲首無非首也，故博學而詳說之，以反說約；學以聚之，問以辨之，寬以居之，仁以行之。不執一以貫萬，乃可行乎變化而體德全也。

統此一物，形而上則謂之道，形而下則謂之器；無非一陰一陽之和而成盡器，則道在其中矣。

聖人之所不知不能者，器也；夫婦之所與知與能者，道也。故盡器難矣！盡器則道無不貫，盡道所以審器；知至于盡器，能至于踐形，德盛矣哉！

一陰一陽之謂道，不可云二也；自其合則一，自其分則多寡隨乎時位，繁頤細密而不可破，亹亹而不窮。天下之數不足以紀之，參差衰益，莫知其畛；乃見一陰一陽之云，遂判然分而爲二。隨而信之，瓜分縷析，謂皆有成數之不易，將無執與？

繼之者，善也；善則隨多寡損益以皆適矣。成之者，性也；性則渾然一體，而無形埒之分矣。

以數言理，但不于吉凶、成敗、死生言之，則得以數言吉凶、成敗、死生。喻義乎？喻利乎？吾不知之也。

成章而後達；成章者，不雜也，不黯也。言顧行，行顯言，則不雜；較然易知而易從，則不黯。異端者，始末倏忽，自救其弊以無恆，人莫能執其首尾；行所不可逮而姑爲之，言說終身而不得成其章。奚望達乎？

德成而驕，非其德矣；道廣而同，非其道矣。泰而不驕，和而不同，君子之守也。惟精惟一，允執其中至矣；而申之以無稽之言勿聽，弗詢之謀勿庸，酌行四代之禮樂，盛矣！而申之以放鄭聲、遠佞人，聖人洗心退藏而與民同患。邪說佞人，移易心志，凡民之公患也，聖人不敢不以爲患。若龐然自大，謂道無不容，三教百家，可合而爲一治，亦無忌憚矣哉！

謂井田、封建、肉刑之不可行者，不知道也；謂其必可行者，不知德也。勇于德則道凝，勇于道則道爲，天下病矣！德之不勇，褐寬博且將惴焉，況天下之大乎？

所欲與聚，所惡勿施；然匹夫匹婦欲速見小習氣之所流，類于公好公惡而非其實。正于君子而栽成之，非王者起，必世而仁。習氣所扇，天下貿貿然胥欲而胥惡之；如暴潦之橫集，不待其歸壑而與俱氾濫。迷復之凶，其可長乎？是故有公理無公欲，公欲者習氣之妄也。不擇于此，則胡廣、譙周、馮道，亦順一時之人情，將有謂其因時順民如李贄者矣。酷矣哉！

性者善之藏，才者善之用；用皆因體而得，而用不足以盡體。故才有或窮，而誠無不察于才之窮，不廢其誠，則性盡矣。多識闕疑，多見闕殆；有馬者，借人乘之，（借猶請也，謂有馬而自不能御，則請善御者爲調習，不强所不能以徼幸玩之，字可見）皆不訕誠以就才也。充其類，則知盡性者之不窮于誠矣。不屑之教誨，是亦教誨之；教誨之道，有在不屑者，默而成之，卷而懷之，以保天地之正，使人心尚知有其不知而不逮，亦扶世教之一道也。釋氏不擇知愚賢不肖而皆指使之見性，故道賤而託之者之惡不可紀極，而況姚樞、許衡之自爲枉辱哉？

居處恭，執事敬，與人忠；雖之夷狄，不可棄自盡之道也。不可與言而不言，衞道之正也；不可與言而與之言，必且曲道以徇之，何以囬天而俟後乎？

繪《太極圖》無已而繪一圓圈爾，非有匡郭也；如繪珠之與繪環，無以異，實則珠環懸殊矣。珠無中邊之別，太極雖虛而理氣充凝，亦無内外虛實之異；從來說者，竟作一圓圈。圍二殊五行于中，悖矣！此理氣，遇方則方，遇圓則圓，或大或小，絪緼變化，初無定質；無已而以圓寫之者，取其不滯而已。王充謂從遠觀火，但見其圓，亦此理也。

太極第二圖，東有坎，西有離；頗與元家畢月烏、房日兔❶龍吞虎髓、虎吸龍精之說相類，所謂互藏其宅也。世傳周子得之于陳圖南，愚意陳所傳者此一圖，而上下四圖，則周子以其心得者益之，非陳所及也。

立之于前而視其面，在吾之左者，彼之右也；彼自有定方，與吾相反。太極圖位陰靜于吾之右，彼之左也；陽動于吾之左，彼之右也。初不得其解，以實求之圖有五重，從上而下；今以此圖首北

---

❶ "兔"，當爲"兔"。——編者註

趾南，順而懸之，從下窺之，則陽東陰西，其位不易矣。

動極而靜，靜極復動，所謂動極、靜極者，言動靜乎此太極也。如以極至言之，則兩間之化、人事之幾、往來吉凶、生殺善敗，固有極其至而後反者，而豈皆極其至而後反哉？《周易》六十四卦三十六體，或錯或綜，疾相往復；方動即靜，方靜旋動，靜即含動，動不含靜。善體天地之化者，未有不如此者也。待動之極而後靜，待靜之極而後動；其極也，唯恐不甚；其反也，厚集而怒報之。則天地之情，前之不恤其過，後之褊迫以取償，兩間日搆而未有甯矣！此殆夫以細人之衷測道者與！

治亂循環，一陰陽動靜之幾也。今云亂極而治，猶可言也；借曰治極而亂，其可乎？亂若生于治極，則堯、舜、禹之相承，治已極矣，胡弗即報以永嘉、靖康之福乎？方亂而治，人生治法未亡，乃治；方治而亂，人生治法弛，乃亂。陰陽動靜，固莫不然。陽含靜德，故方動而靜；陰儲動能，故方靜而動。故曰："動靜無端，待其極至而後大反。"則有端矣！

邵子"雷從何方起"之問，竊疑非邵子之言也；雷從于百里內外耳。假今此土聞雷，從震方起；更在其東者，即聞從兌方起矣。有一定之方可測哉？

筮以歸奇志奇，偶簡便法爾。《易》曰："歸奇于扐，以象閏歷之有閏。"通法而非成法。歸奇亦通法也，歸奇之有十三、十七、二十一、二十五；胥于法象蔑當也，必遇揲乎？過揲之三十六，九也；三十二，八也；二十八；七也；二十四，六也：七、八、九、六上生下生，四象備矣。舍此而以歸奇紀數，吾不知也。老陰之歸奇，二十五爲數最多；老陽之歸奇，十三爲數最少。豈陰樂施而有餘、陽吝與而不足乎？至以四爲奇、九爲偶，尤非待審求而後知其不然也。

純乾，老陽之象也；六位各一，以天道參之，以地道兩之，每畫之數六，六其六，三十六也。純坤，老陰之象也；六位各一，以陽爻擬之，三分而中缺其一，左右各得二，爲四，六其四，二十四也。陽之一，爲一，爲三，（陰一二陽更加中一爲三）爲六；陰之一，爲三之二，爲六之四。陽實有餘，陰虛不足；象數皆然，故紀筮之奇偶，必以過揲爲正。

　　黃鐘之律，九九八十一，自古傳之，未有易也。閩中李文利者，竊呂覺不經之說，爲三寸九分之言，而近人亟稱之。惑矣！夫所謂吹律者，非取律箾而吹之也；以律爲長短厚薄大小之則準，以作簫、管、笙、竽而吹之也。且非徒吹之也，金、石、土、革、木搏拊戛擊之音，型模之厚薄、長短、輕重、大小，絲之多寡，一準乎律，言吹者統詞之文焉耳。愚以謂箾長則聲清，箾短則聲濁；黃鐘以宏大爲諸律君，故其箾必短。乃長者大稱之，短者小稱之，長大濁，短小清，較然易知，彼惛而不察耳。今俗有所謂管子、剌八、瑣拿、畫角，長短清濁具在文焉；雖隊長三尺，其能辨此哉？若洞簫之長而清，則狹故也。使黃鐘之長三寸九分，則圍亦三寸九分，徑一寸三分，狹于諸律，清細必甚。況乎律箾者，無有旁竅；頑重不舒，固不成響，亦何從而測其清濁哉？且使黃鐘之竹三寸九分，則黃鐘之絲亦三十九絲；金石之製，俱必極乎短小輕薄，革屬腔捲必小，音之幺細，不問而知矣。乃黃鐘者，統衆聲以爲君者；小不可以統大，薄不可以統厚，短不可以統長，一定之理也。今欲以極乎小、薄、短、輕者入衆樂而君長之，其爲餘律所奪，且不可以自宣，而奚以統之邪？故應鐘之律，極乎短者也；以之爲宮，則必用黃鐘變宮之半，而不敢還用黃鐘，畏其偪也。使其爲三寸九分，則諸律可以役之而不憂其偪，何云諸律之不敢役乎？且天下之數，減也有涯，而增也無涯，減而不已，則視不成形，聽不成聲，人未有用之者矣。故立乎長、大、重、厚以制不踰之節，漸減之則可至于不可減而止；如使立于短、小、輕、薄以爲之制，而漸增之，則愈增無已而形愈著、聲愈宣。復奚從而限之乎？故古之聖人，極乎長、大、厚、重之數，至黃鐘而止；爲之不可增，以止其淫也。由是而遞減之，至應鐘之變宮，四寸六分七毫四絲三忽一初四秒而止，又或用其半；至無射之二寸四分四釐二毫四絲而止。下此，則金薄而裂，竹短而瘖，絲弱而脆，革小而不受桴；雖有欲更減者，無得而減也。藉今由三寸九分以漸而增之，雖至于無窮之長、大、厚、重而不可復止矣。《樂記》曰："樂主乎盈盈而反黃鐘盈也，其損而爲十一律反也。"含聖經而徇呂覽一曲之言，亦惡足與論是非哉？

《太極圖》以象著天地之化也。《易》曰："天一、地二，天三、地四，天五、地六，天七、地八，天九、地十，以數紀天地之化也。"何言皆化也？天地之體象無不備，數無有量，不可擬議者。天一非獨，九亦非衆；地二非寡，十亦非頤。先儒言《洪範五行》之序，謂水最微，土最著，尚測度之言耳。聚則謂之少，散則謂之多。一，最聚者也；十，最散者也。氣至聚而水生，次聚而火生，木、金又次之，土最散者也。是以塊然鈍處，而無銳往旁行堅津之用數，極其散而化，亦漸向于惰歸矣。九聚，則一也；十聚，則二也。天地之數，聚散而已矣，其實均也。

潤下作鹹，炎上作苦，曲直作酸，從革作辛，稼牆作甘；作者，用也。五味成于五行之發用，非五行之固有此味也；執水、火、木、金、土而求味，金何嘗辛？土何嘗甘？木兼五味，豈僅酸乎？稼之穡之，土所作也，若夫稼穡則未也。以木之甘言土，言其致用者可知已。區區以海水成鹽，煮焦成苦，徵之亦致遠恐泥之說。況云兩木相摩，則齒酸金傷肌則辛痛，求味于舌而不得求之耳聞。又求之膚肉，不亦誕乎？

天地之德不易，而天地之化日新；今日之風雷，非昨日之風雷，是以知今日之日月，非昨日之日月也。風同氣，雷同聲，月同魄，日同明，一也。抑以知今日之官骸，非昨日之官骸；視聽同喻，觸覺同知耳。皆以其德之不易者類聚而化相符也。其屈而消，卽鬼也；伸而息，則神也。神則生，鬼則死，消之也速而息；不給于相繼，則夭而死。守其故物而不能日新，雖其未消，亦槁而死；不能待其消之已盡而已死，則未消者槁。故曰："日新之謂盛德。"豈特莊生"藏舟"之說爲然哉？

已消者，皆鬼也；且息者，皆神也。然則自吾有生以至今日，其爲鬼于天壤也多矣！已消者，已鬼矣；且息者，固神也。則吾今日未有明日之吾，而能有明日之吾者不遠矣。以化言之，亦與父母未生以前一而已矣。盈天地之間，絪縕化醇，皆吾本來面目也，其幾氣也。其神，理也。釋氏交臂失之而冥搜索之，愚矣哉！

其化也速，則消之速；其化也遲，則以時消者亦以時息也。故倉公謂洞下之藥爲火齊，五行之化，唯火爲速。大黃、苓連、梔檗之類，皆火齊也。能疾引人水穀之滋、膏液之澤而化之，方書謂其性寒者非也。火挾火以速去，則府藏之間有餘者清以適，不足者枵以寒，遂因而謂之寒；可謂其用寒，不可謂其性寒也。嗚呼，不知性者之不以用爲性鮮矣！天地之命人物也，有性、有材、有用，或順而致，或逆而成，或曲而就。牛之任耕，馬之任乘，材也；地黃、巴戟天之補，梔❶、檗、苓、連之瀉，用也。牛不以不任耕，馬不以不任乘，而失其心理之安；地黃、巴戟天之黑而潤受之于水，梔、檗、苓、連之赤而燥受之于火，乃胥謂其性固然。豈知性

---

❶ "梔"當爲"梔"。——編者註

者哉？

藥食不終留于人之府藏，化遲則益，化速則損；火鬱而有餘者，不消則需損耳。損者，非徒其自化之速不能致養，抑引所與爲類者而具速。故梔檗以其火引火而速去，半夏、南星以其滑液引人之液而速去；謂梔、檗涼，半夏、南星燥者，猶墨吏貧人之國而謂墨吏貧也。

《內經》云："寒之中人，巨陽先受之。"方術之士，不知其說，謂膀胱之爲府也，薄寒易入焉。夫纊絮之厚，以禦服之者之寒，豈自禦乎？膀胱中虛，將誰禦乎？府藏之位，肺最居上，膀胱最下；肺捷通于咽，膀胱捷通于陰竅。涼自上入，肺先受之；寒自下生，膀胱先受之。故感涼而鼽欬，必中于手太陰；感寒而炙熱，必中于足太陽。姤之二所以爲包有魚，夬之五所以爲莧陸夬夬也；故力未足以閑邪者，莫如遠邪。

《易》言"先天而天弗違，後天而奉天時"，以聖人之德業而言，非謂天之有先後也。天純一而無間，不因物之已生、未生而有殊，何先後之有哉？先天、後天之說，始于元家；以天地生物之氣爲先天，以水、火、土、穀之滋所生之氣爲後天，故有"後天氣接先天氣"之說。此區區養生之瑣論爾，其說亦時竊《易》之卦象附會之。而邵子于《易》亦循之，而有先、後天之辨；雖與魏、徐、呂、張諸黃冠之言氣者不同，而以天地之自然爲先天，事物之流行爲後天，則抑暗用其說矣。夫伏羲畫卦，即爲筮用；吉凶大業，皆由此書。文王亦循而用之爾，豈伏羲無所與於人謀，而文王略天道而不之體乎？邵子之學，詳于言自然之運數，而略人事之調燮；其末流之弊，遂爲術士射覆之資。要其源，則"先天"二字啓之也。胡文定曰"伏羲氏，後天者也"一語，可以破千秋之妄矣。

《河圖》出，聖人則之以畫八卦；則者，則其象也。上下，乾坤也；一五七，乾也；六十二，坤也。乾盡乎極南而不至乎極北，坤生乎極北而不底乎極南；乾皆上而坤皆下也。故曰："天地定位。"上下，奠也；左右，坎離也。八三十，坎也，位乎右不至乎左；九四五，離也，位乎左不至乎右。中五與十五相函焉，以止而不相踰。故曰："水火不相射。"一三二，兌也；二四一，艮也；一二互用，参三四而成艮兌。故曰："山澤通氣。"兌生乎二，故位南東；艮成乎二，故位南西。艮兌在中少者，處內也，而數極乎少；少則少也。九六八，震也；八七九，巽也；八九互用，参六七而震巽成。震自西而北而東，巽自東而南而西，有相迫逐之象焉，故曰："雷風相薄。"震成乎八，故位東北；巽成乎九，故位西南；震巽在外，長者處外也，而數極乎多；多則長也。朱子曰："析四方之合以爲乾坤坎離，補四隅之空以爲兌巽震艮。"亦此謂與？

　　河圖明列八卦之象，而無當于《洪範》。《雒書》❶順布九疇之敘，而無肖于易。劉牧託陳搏之說而倒易之，其妄明甚。牧以書爲圖者，其意以爲《河圖》先天之理，《雒書》後天之事；必元家所云"東三南二還成五，北一西方四共之"。正用《雒書》之象，而以後天爲嫌；因《易》之爲《河圖》，以自旌其先天爾。狂愚不可瘳哉！

　　曆家之言，天左旋，日月五星右轉；爲天所運，人見其左身。夫日左行一周日，日右行一度月；日右行十三度十九分度之七。五星之行，金、水最速，歲一小周；火次之，二歲而一周；木次之，十二歲而一周——故謂之歲星——土最遲，二十八歲而始一周。而儒家之說非之，謂曆家之以右轉起算，從其簡而逆數之耳。日陽月陰，陰之行不宜踰陽，日月五行皆左旋也。夫日一周而過一度，天行健也；日日行一周天，不及天一度；月日行三百五十

---

❶ "雒書"，原書爲"雒書"。"雒"當爲"雒"之誤。爲不影響閱讀，下文將出現："雒書"處統改爲"雒書"。——編者註

二度十九分度之十六七十五秒，不及天十三度十九分度之七。其證始于張子，而朱子韙之。夫七曜之行，或隨天左行，見其不及；或迎天右轉，見其所差。從下而窺之，未可辨也。張子據理而論，伸日以抑月，初無象之可據，唯陽健陰弱之理而已。乃理自天出，在天者卽爲理，非可執人之理以強使天從之也。理一而用不齊，陽剛宜速，陰柔宜緩，亦理之一端耳；而謂凡理之必然，以齊其不齊之用，又奚可哉？且以理而求日月，則亦當以理而求五星；日月隨天而左，則五星亦左矣。今以右轉言之，則莫疾于金水，而莫遲于土；若以左旋言之則是鎮星日行一周，而又過于周天者二十八分度之二十七矣。謂天行健而過，土亦行健而過乎？是七曜之行土最疾，木次之，火次之，金、水日、又次之；其劣于行者，唯月而已。金、水與日並驅，而火、木、土皆踰于日；此于日行最速，太陽健行之說，又何以解邪？日，夫也；月，妻也；妻讓夫得矣。日月，父母也；五星，子也；子疾行而先父，又豈理哉？陰之成形，凝重而不敏于行者，莫土若也；土最敏而月最鈍，抑又何所取乎？故以理言，天未有不窮者也。姑無已而以理言：日，火之精；月，水之精也。三峽之流，晨夕千里；燎原之火，彌日而不踰乎一舍。五行之序，水微而火著，土尤著者也。微者輕疾，著者重遲，土愈著而愈鈍矣。抑水有質火無質，日月非有情于行，固不自行，大氣運之也。有質者易運，無質者難運；難易之分，疾徐因之。陽火喜紆而陰水怒決，陰之不必遲鈍于陽，明矣。然此姑就理言之，以折陰疾陰遲之論耳。若夫天之不可以理求而在天者卽爲理；故五緯之疾遲，水、金、火、木、土以爲序，不必與五行之序合。況木以十二歲一周，歲厤一次，故謂之歲星；使其左旋，則亦一日一周，天無所取義千歲矣。以心取理，執理論天，不如師成憲之爲得也。

謂日行當敏，月行當鈍，東西之度既爾，南北之道何獨不然？乃日之發，敛也，黄道一歲而一終。自冬至至于夏至，百八十二日六千二百一十二分半，始歷四十七度八千六十分；若月之發敛也，二十七日二千一百二十二分二十四秒，南出乎黄道之南，北出乎黄道之北者，五度十七分有奇，蓋不及乎一歲者，十一日四千五百三十二分有奇而已。十三經天矣，其自最北以至最南，纔十三日六千六十一分一十二秒而已；過乎太陽一百八十二日六千二百一十二分半，所歷之道則是太陰，南北行之疾于日者十三倍三十六分八十七秒半。南北發敛，月疾于日，既無可疑；而獨于東西之行，必屈爲說以伸日而抑月，抑爲不知通矣！

遠鏡質測之法，月最居下，金、水次之，日次之，火次之，木次之，土最居上。蓋凡術者必有所憑，憑實則速，憑虛則遲；氣漸高則漸益清微，而憑之以行者亦漸無力。故近下者行速，高則漸緩。月之二十七日三十一刻而一周，土星之二十九年一百五日有奇而一周，實有其理。而爲右轉亡疑已。西洋歷家，既能測知七曜遠近之實，而又竊張子左旋之說以相雜立論。蓋西夷之可取者，唯遠近測法一術；其他則皆剽襲中國之緒餘，而無通理之可守也。

古之建侯者，有定土疆而無定爵：宋，公也；秦，伯也；而微仲、秦仲以字稱，是二君之爵視大夫耳。齊侯也，而丁公稱公。當周制初定之時，應無替諡，則嘗進爵而公矣。春秋進退諸侯，用周道爾，非若《綱目》莽大夫之爲創筆也。

其君從苟簡而用夷禮，其國之俗未改；則狄其君，不狄其國。故滕、杞稱子，而國不以號。舉其政教風俗，化于夷而君不降禮，則狄其國，不狄其君。故秦不貶其伯而以號舉吳、楚、越兩用之，盡乎夷之辭，以其禮壞而俗惡也。

未濟，男之終也；歸妹，女之窮也。緣此二卦中四用爻，皆失其位而未濟；初陰而上陽歸妹，初陽而上陰上者終窮之位也。離乎初，則不能生；至乎上，則無所往矣。《周易》以未濟終；京房所傳卦變以歸妹終，蓋取諸此，乃以循環之理言之，陽終而復之以陽化之，所以不息陰窮而復之以陽，則陰之絕已曠矣。故未濟可以再起乾，而歸妹不能；此《周易》之所以非京房之得與也。

京房八宮六十四卦，整齊對待，一倍分明。邵子所傳《先天方圖》、蔡九峯《九九數圖》皆然。要之，天地間無有如此整齊者；唯人爲所作，則有然耳。圜而可規，方而可矩，皆人爲之巧；自然生物，未有如此者也。《易》曰："周流六虛"，不可爲典要。可典可要，則形窮于視，聲窮于聽，即不能體物而不遺矣。唯聖人而後能窮神以知化。

唯《易》兼十數而參差用之：太極，一也；奇偶，二也；三畫而小成，三也；揲以四，四也；大衍之數五十，五也；六位，六也；其用四十有九，七也；八卦，八也；乾坤之策三百六十，九也。十雖不用，而一卽十也；不倚于一數而無不用，斯以範圍天地而不過。太元用三，皇極經世用四，潛虛用五，洪範皇極用九，固不可謂三、四、五九非天地之數；然用其一，廢其餘；致之也固而太過，廢之也曠而不及，宜其乍合而多爽也。

皇極經世之旨，盡于朱子"破作兩片"之語，謂天下無不相對待者耳。乃陰陽之與剛柔，太之與少，豈相對待者乎？陰陽，氣也；剛柔，質也。有是氣則成是質，有是質則具是氣，其可析乎？析之則質爲死形而氣爲游氣矣。少，卽太之穉也；太，卽少之老也。將一人之生老少稱爲二人乎？自穉至老，漸移而無分畫之涯際，將以何一日焉爲少之終而老❶之始乎？故兩片四片之說，猜量比

---

❶ "老"字原缺。——編者註

擬，非自然之理也。

乾坤之策三百六十當期之數，去氣盈朔虛不入數中，亦言其大槩耳。當者，鬘髴之辭也，猶云萬一千五百二十當萬物之數，非必物之數恰如此而無餘欠也。既然則數非一定，固不可奉爲一定之母以相乘相積矣。經世數十二之又三十之，但據一年之月、一月之日以爲之母；月之有閏，日之有氣盈朔虛，俱割棄之，其母不眞，則其積之所差必甚。自四千三百二十以權于坤數之至賾，其所差者以十萬計；是市儈家"收七去三"之術也，而以限天地積微成章之化，其足憑乎？

京房卦氣之說立，而後之言理數者一因之。邵子《先天圓圖》，蔡九峯《九九圓圖》，皆此術耳。揚雄《太元》，亦但如之，以卦氣治厤；且粗疏而不審，況欲推之物理乎？《參同契》，亦用卦氣而精于其術者；且有"活子時"、"活冬至"之說。明乎以厤配合之不親也，何諸先生之墨守之也？邵子據"數往者順，知來者逆"之說以爲卦序；乃自其圓圖觀之，自復起午中至坤爲子半，皆左旋順行，未嘗有所謂逆也。《九峯》分八十一爲八節，每節得十，而冬至獨得十一；亦與《太元》贅立踦嬴二贊，均皆無可奈何而姑爲安頓也。

宋熙甯中，有鄭夬者，著書談《易》變。曰：坤一變生復得一陽，二變生臨得二陽，三變生泰得四陽，四變生大壯得八陽，五變生夬得十六陽，六變生歸妹得三十二陽；乾一變生姤得一陰，二變生遯得二陰，三變生否得四陰，四變生觀得八陰，五變生剝得十六陰，六變生歸妹得三十二陰。同時有秦玠者，附會豔稱之，謂其洩天地之藏，爲鬼神所譴。成、宏中，桑通判悅，矜傳以爲神祕，皆所謂一偶窺天者耳。其云二、四、八、十六、三十二者，謂其所成之卦也。一陽卦，即復也；一陰卦，即姤也。得者，謂其既得也；二陽卦，復、師也；二陰卦，姤、同人也；四陽卦，復、師、臨、升也；四陰卦，姤、同人、遯、無妄也。以次上變，上下推移，則三十二卦各成而備乎六十四矣。其說亦卦氣之流耳，何所盡于天地之辨？而珍❶與悅乃爲之大言不慚至是邪？三十二卦陰，三十二卦陽，又即邵子一破兩片之旨；乃珍❷又云："西都邵雍所不能知"，不亦誣乎？夬又曰："乾、坤，大父母也；復、姤，小父母也。"則邵子亦嘗言之矣。父母而有二，是二本矣；以復姤爲小父母者，自其交搆而言之，元家最下之說也。且以一陽施於陰中謂之父，似矣；一陰八陽中謂之母，其中施受盦闢多寡之義，豈不悖哉？故《易》曰："復其見天地之心，天施地生，父母之道皆平復見之。"一陽，父也；五陰，母也。姤者殺之始，何足以爲萬物之母哉？故姤之象曰："勿用取女，初六曰羸，豕孚蹢躅。"其不足以當母儀，明矣。

水生本，一生三也；則老子"一生二"之說，不行矣。木生火，三生二也；則老子"二生三"之說不行矣。金生水，四生一也；則邵子"四生一八"之說不行矣。天地之紀，迭相損益，以上下其生律呂肖之而微有變通。要非自聚而散，以之于多而不可卷；自散嚮聚，以之于少而不可舒也。

五行生克之說，但言其氣之變通、性之互成耳，非生者果如父母、克者果如仇敵也。克能也，制也；效能干彼制而成之。術家以克者爲官，所克者爲妻，尚不失此旨；醫家泥于其說，遂將謂脾彊則妨腎，腎彊則妨心，心彊則妨肺，肺彊則妨肝，肝彊則妨脾。❸豈人之府藏，日搆怨于胸中，得勢以驕，而即相凌奪乎？懸坐以必爭

---

❶ "珍"，當爲"玠"之誤，上文曾提到"秦玠"。——編者註

❷ 同上。

❸ 此句中的"彊"當爲"彊"。——編者註

之勢，而瀉彼以補此；其不爲元氣之賊也幾何哉！

證金克木，以刃之伐木，則水漬水焚，不當壞木矣。證木克土，以草樹之根蝕土，則凡孳息其中者，皆傷彼者乎？土致養于草樹，猶乳子也；子乳于母，豈刑母耶？證土克水，以土之堙水則不流，是鯀，得順五行之性而何云泊？亂土壅水，水必決土，劣于水明矣。證水克火，以水之熄火，乃火亦燸水矣，非水之定勝也。且火入水中而成湯，彼此相函而固不相害也。證火克金，以冶中之銷鑠，曾不知火煬金流，流已而固無損，固不似土蘿水漬之能蝕金也。凡爲彼說，皆成戲論，非窮物理者之所當信；故曰克能也，致能于彼而互相成也。天地之化其消其息，不可以形迹之；增損成毀測之，有息之而乃以消之者，有消之而乃以息之者，無有故常而藏用密。是故他無恩怨而天地不憂，奈何其以故取之情測之。

水之爲體最微，而其爲利害最大；要其所爲利者，即其所爲害也。愚嘗謂不貪水之利，則不受水之害；以黃河漕者進寇于庭，而資其刃以割雞也。吾鄉大司馬劉舜咨先生所着❶《河議》，言之娓娓矣。乃天子都燕，則漕必資河；以要言之，燕固不可爲天子之都。無粟而懸命于遠漕，又因之以益河患，豈仁且知者之所擇處哉？

以都燕爲天子自守邊，尤其悖者。獨不聞孤注之說乎？西周挖西陝，而北狄日逼；東遷以後，委之秦而有餘。彌與之近，則覬覦之心彌劇蠱而忮也；蠱忮動于寇心，而孤注之勢又成，不亦危乎？天子所恃以威四夷者，太上以道，其次以略；未聞恃一身兩臂之力也。徒然率六軍而望哺于萬里，以導河而爲兗徐憂；自非金源、蒙古之習處苦寒，何爲戀此哉？

---

❶ "着"，當爲"著"。——編者註

郊以事天，社以事地；禮有明文，古無伉地于天而郊之之禮。天之德德，地之德養；德以立性，養以適情。故人皆養于地而不敢伉之以同于天，貴德而賤養，崇性而替情也；人同性物如養也，故無可分之天，而有可分之地。天主氣，渾淪一氣而無疆埒；地主形，居其壤、食其毛其地之人，即其人之地矣。是以惟天子統天下而後祀天。若夫地，則天子社之，諸侯社之，大夫以主，庶人各有置社，無不可祀也，無不可祀而天子又奚郊邪？天子諸侯自立社，又爲民立社，自立社者，無異民之自社也；爲民立社，天子止社其畿內而不及侯國，諸侯社其國中而不及境外，分土之義也。性統萬物，而養各有方也；地主形，形有廣狹而祀因之，形有崇卑、大小而秩因之。故五嶽四瀆，秩隆于社；今乃刱立夫地祇至尊之秩，而嶽瀆從祀，則不知所謂地祇者何也？豈槩九州而統此一祇乎？山澤異形，燥濕異形，墳埴異形，壚黎異形，草穀異產，人物異質，則其神亦異矣；而強括之以一是，爲皇地之名者，誣亦甚矣。《周禮》"夏至合樂方澤"之說，肄習社稷山川祀事之樂耳，非謂祀也；後世不察于性情德養之差、形氣分合之理、陰陽崇卑之別，伉北郊以擬天下伐上，臣干君亂，自此而生，乃紛紛議分議合，不愈憒也乎！

繼父之服，不知其義所自出。繼父者，從乎母而親者爾。從母而親者，莫親于外祖父母，其服之也小功而已；而同居繼父之服期，何獨私于母之後夫哉？即其爲營寢廟，修祭祀，亦朋友通財之等；營寢廟，修祭祀，其財力爲之也。古者，母之服期，母之後夫亦期焉；從服者視所從而無殺，殆以伉諸尊父而尊繼母之禮與？則亦禽狄之道矣！孰立繼父之名？因制繼母之服父其可繼乎哉？同母異父之兄弟姊妹，視從兄弟而小功，亦野人之道也；母之後夫，同母異父之兄弟姊妹，以朋友皆在他邦之服服之，袒免焉可矣。

從服因所從者爲之服，不以己之曖而服之，則亦不以己之嫌；而己之兄弟，一體之親，從乎兄弟，而爲兄弟之妻服，庸不可乎？若以嫂叔不通問爲疑，乃嫌疑之際；君臣男女，一也。未仕者從父而爲父之君服，不以不爲臣不見之義爲疑而已之。蓋所從者，義之重者也；嫌疑，義之輕者也。其生也不爲臣不見，嫂叔不通問候，君臣男女之別；其沒也從乎父與兄弟而服之以篤，尊親之誼，亦並行而不悖矣。男子從乎兄弟而服兄弟之妻，婦人從乎夫而服夫之兄弟，今禮有善于古者，此類是已。

明堂之說，制度紛紜，大抵出于漢新垣；平公玉帶之徒，神其說而附益之爾。《戴記》明堂位不言十二室、五室之制，而有應門之文，則亦天子之廟堂耳！孟子曰："明堂者，王者之堂也。"《孝經》稱："宗祀文王于明堂，以配上帝。"所謂配上帝者，謂以天子之禮祀之，成其配天之業也。後世增大饗而以人道事天，又分天與帝爲二，傅以讖緯之誣說，荒怪甚矣！

《月令》爲青陽明堂，總章元堂之名，隨月居之以聽政；瑣屑煩冗，擬天而失其倫。不知呂不韋傳于何一曲儒，以啟後世紛紜之喙？乃欲創一曲房斜戶之屋，幾令匠石無所施其結構。宋諸先生，議復古多矣，而不及明堂，誠以其不典而徒煩也。

《月令》位土于季夏，惟不達于相克者相成之義；疑火、金之不相見而介紿之以土，且以四時無置土之位，弗獲已而以季夏當之爾。其云律中黃鐘之宮，既不可使有十三律，則雖立宮之名，猶是黃鐘也。將令林鐘不能全應一月，于義尤爲鹵莽。其說既不足以立，曆家又從而易之；割每季之十八日以爲土王，尤虛立疆畛而無實。五行之運，不息于爾間，豈有分時乘權之理？必欲以其溫涼晴雨之大較而言之，則《素問》六氣之序，以六十日當一氣，爲風寒、燥溫、陽火、陰火之則；玫之氣皿實有可徵，賢于每行七十二日之說遠矣。且天地之化，以不齊而妙，亦以不齊而均；時自四也，行自五也，惡用截鶴補鳧，以必出于一轍哉？《易》稱"元亨利貞"，配木、火、金、土而水不與；則四序之應，雖遺一土，亦何嫌乎？天地非一印板，萬化從此而出，拘墟者自不知耳！

水之制火，不如土之不爭而速。《素問》"二火"之說，以言化理尤密。龍雷之火，附水而生，得水益烈，遇土則蔑不伏也；土與金，雖相抱以居，而塊然其不相孳乳，燥濕之別久矣。《素問》以濕言土，以燥言金，皆其實也。金既燥，與水杳不相親，奚水之生乎？兩間之金幾何，而水無窮，水豈待金而生邪？五行同受命于大化，《河圖》五位渾成，顯出一大冶氣象；現成五位具足，不相資，抑不相害。故談五行者，必欲以四時之序序之，與其言生也，不如其言傳也；與其言克也，不如其言配也。

《月令》及漢歷，先驚蟄而後雨水；漢以後歷，先雨水而後驚蟄。蓋古人察有恆之動于其微著，可見之動于其常也，正月蟄蟲振于地中，察微者知之；待著而後喻者，不知也。正月或雨雪或雨水，雖或雨水而非其常；二月，則以雨水爲常。驚蟄者，不待其變之定而紀之；不驗者多矣。護蟄蟲之生，當于其微而後生理得蘇；效天時之和潤，以起田功當待其常，而後人以不困。後人之不古若而精意泯矣！

天無度，人以太陽一日所行之舍爲之度；天無次，人以月建之域爲之次。非天所有名，因人立名，非天造必從其實十有二次，因乎十有二建而得名。日運刻移，東西循環，固無一定之方也。大寒爲建丑之中氣，故以夏正十有二月爲星紀之月，而丑因從爲星紀之次；斗柄所指，在地之北東隅，丑方也。丑所以爲星紀者，一日之辰，隨天左移，所加之方而爲十二時，正方也。東正卯、西正酉、上正午、下正子，八方隨之以轉，則因卯、酉而立之名也。故卯、酉爲有定之才，而爲十二次之紀。建丑之月，古曆日在子，其時日方正午；加于子宿，未加亥，申加戌，酉正卯正，在天卯酉之位，與在日卯酉之時相值而中。方卯而卯中，方酉而酉中，故曰星紀；此古曆冬至日在斗、大寒日在虛之所推也。自歲差之法明，堯時冬至日在虛；周漢以後，冬至日在斗；而今日在箕，二度矣。治曆者，不爲之通變之術，仍循漢康之法，以危十二度起，至女二度爲元枵之次，其辰子；女二度起，至斗二度爲星紀之次，其辰丑；斗二度起，至尾三度爲析木之次，其辰寅。則是大寒之氣，日在牛三度而加丑在天之丑，值日之午，酉加戌❶，卯加辰❷，不得謂之爲星紀矣。方是月也，斗柄指丑，而人之以十二次分之者乃在子，不亦忒乎？用今之曆，紀今之星，揆今之日，因今之時，定今之次，自當卽今。冬至日在箕三度，至牽牛四度爲丑，牽牛三度至危六度爲子，危七度至東壁三度爲亥，歲差則從之而差；所不可差者，斗柄所建之方而已。循是而推之，則冬至日仍在丑，雨水日仍在亥；建丑之月，卯仍卯中，酉仍酉中，名從實起，次隨建轉，卽今以順古，非變古而立今其尚允乎？

古之爲曆者，皆以月平分二十九日五十三刻有奇爲一朔；恆一大一小相閒，而月行有遲疾，未之審焉。故日月之食，恆不當乎朔望。穀梁子未朔、旣朔、正朔之說，由此而立；而漢儒遂雜以災祥之說，用相熻亂。至祖沖之諗知其疏，乃以平分大略之朔爲經朔，而隨月之遲疾出入于經朔之內外爲定朔，非徒爲密以示審也，以非此則不足以審日月交食之貞也。西洋夷，乃欲以法求日而制二十四氣之長短，則徒爲繁密而無益矣！其說大略以日行距地遠

---

❶ "戍"當爲"戌"。書中有"戍"、"戌"混用的情況，以下逕改，不一一出註。——編者註

❷ "卯"字原缺。今據同治本補。——編者注

近不等，遲疾亦異；自春分至秋分其行盈，自秋分至春分其行縮。而節以漏準，故冬一節不及十五日者十五刻有奇，夏一節過于十五日者七十二刻有奇。乃以之測日月之食，則疏于郭守敬之法而恆差。若以紀節之氣主與否，則春夏秋冬、溫暑涼寒，萬物之生長收藏，皆以日之晨昏爲主，不在漏刻之長短也。故曰：日者，天之心也。則自今日日出以至于明日日出爲一日，闔闢明晦之幾，定干❶斯焉。若一晝一夜之內，或長一刻，或短一刻，銖絫而較之，將以何爲乎？日之有晝夜，猶人之有生死、世之有鼎革也；紀世者，以一君爲一世、一姓爲一代足矣，倘令割周之長，補秦之短，欲使均齊而無盈縮之差，豈不徒爭絫亂乎？西夷以巧密誇長，大率類此，蓋亦三年而爲棘端之猴也！

霧之所主，土氣主之；雷電之所至，金氣主之；雲雨之所至，木氣主之；七曜之所至，水水之氣至之經星以上，蒼蒼而無窮極者，五行之氣所不至也。因此知凡氣皆地氣也，出乎地上，則謂之天氣；一升一降，皆天地之間以絪縕者耳。《月令》曰："天氣下降，地氣上騰。"從地氣之升而若見天氣之降，實非此晶晶蒼蒼之中有氣下施以交于地也。經星以上之天，既無所施降于下，則附地之天，亦無自體之氣，以與五行之氣互相含吐而推盪，明矣。天主量，地主實；天主理，地主氣；天主澄，地主和：故張子以"清虛一大"言天，亦明乎其非氣也。

不于地氣之外，別有天氣，則元家所云先天氣者無實矣。既生以後，元之所謂後天也，則固凡爲其氣者，皆木❷、火、金、木、土、穀之氣矣。未生以前，胞胎之氣，其先天者乎？然亦父母所❸資

---

❶ "干"，當爲"于"。——編者註
❷ "木"，當爲"水"。——編者註
❸ "所"，當爲"所"。——編者註

六府之氣也。在己與其在父母者，則何擇焉？無已，將以六府之氣在吾形以內醞釀而成，爲後天之氣、五行之氣，自行于天地之間，以生化萬物；未經夫人身之醞釀者爲先天乎？然以實推之，彼五行之氣，自行而生化者——水成寒，火成靈，木成風，金成燥，土成濕——實不可使絲毫漏入于人之形中者也。魚在水中，水入腹則死；人在氣中，氣入腹則病。入腹之空，且爲人害，況榮衛魂魄之實者乎？故以知所云先天氣者，無實也。棲心淡泊，神不妄動，則醞釀清微而其行不迫；以此養生，庶乎可矣！不審而謂此氣之自天而來，在五行之先，亦誕也已。

邵子之言先天，亦倚氣以言天耳。氣，有質者也；有質則有未有質者。《淮南子》云："有夫求始。"有無者，所謂先天者此也；乃天固不可以質求，而並未有氣，則強欲先之，將誰先乎？張子云：清虛一大，立誠之辭也；無有先于清虛一大者也。元家謂順之則生，人生物者，謂繇魄聚氣，繇氣立魂，繇魂立神，繇神動意；意動而陰陽之感通，則人物以生矣。逆之則成佛、成仙者，謂以意馭神，以神充魂，以魂襲氣，以氣環魄，爲主于身中而神常不死也。嗚呼！彼之所爲秘而不宣者，吾數言盡之矣！乃其說則告子已爲之嚆矢。告子曰："不得于心，勿求于氣"，亦心使氣、氣不生心之說。夫既不待我而孟子折之詳矣。天地之化，以其氣生我，我之生以魄凝氣，而生其魂神，意始發焉。若幸天地之生我而有意，乃竊之以背天而自用，雖善盜天地以自養生有涯，而惡亦大矣！故曰："小人有勇而無義爲盜。"

釋氏之所謂六識者，慮也；七識者，志也；八識者，量也。前五識者，小體之官也。嗚呼！小體，人禽共者也；慮者，猶禽之所得分者也。人之所以異于禽者，唯志而已矣。不守其志，不充其量，則人何以異于禽哉？而誣之以名曰"染識"。率獸食人，罪奚辭乎？

　　釋道生曰："敲空作響，擊木無聲。"此亦何足爲名理而矜言之也？天下莫大之聲，無逾于雷霆，乃豈非敲空作響乎？木之有聲者，其中空也；即不空者擊空向木，木止空不行，反觸而鳴也。舉木按木，雖竭賁、獲之力，聲亦不生，則擊木固無聲矣。釋氏之論，大抵如此；愚者初未置心于其際，乍聞而驚之爾。如《楞嚴》所稱"耳聞梅而涎從口出"之類，亦復成何義旨？有血性者，當不屑言亦不屑辨也。

　　三代之政，簡于賦而詳于役；非重用其財而輕用其力也，賦專制于君者也。制一定，雖墨吏附會科文以取之，不能十溢其三四也；役則先事集而後事息，隨時損益，固難畫一，聽吏之上下而不能悉聽于君上。不爲之不可溢之數，盡取君與吏可必需于民者而備征之，則吏可以遽不請命而唯意爲調發；雖重法以繩吏，而彼固有辭。是故先王不避繁重之名，使民逐事以效功；則一國之常變，鉅細皆有期會之必赴，而抑早取其追攝。不逮冗促不相待之數寬爲額，而豫其期吏得裕于所事而弗能藉口于煩速；其它具供給之日，不移此以就彼，吏仰無從那移而施其巧。且役與賦，必判然分而爲二，徵財雖徑，徵力雖迂，而必不斂其值以雇于公。民即勞而事有緒，吏不能以意欲增損之，而勞亦有節矣。知此，則刱爲"一條鞭"之法者，槩役而賦之；其法苟簡而病民于無窮，非知治體者之所尚矣。"一條鞭"立而民不知役吏，乃以謂民之未有役而可役；數十年以後，賦徒增而役更起，是欲徑省其一役而兩役之矣！王介甫雇役之法倡之，朱英之"一條鞭"成之；暴君者，又爲裁減公費、驛遞、工食之法以奪之吏而償之民。奪之吏者一，而償之民者百，是又不如增賦之虐民有數也。

　　置郵之說，始見於孟子而傳聞于孔子，《周禮》無述焉；意亦衰周五伯之亂政，非三代之制也。《春秋傳·魯莊公傳》"乘而歸，楚子乘馹會師于臨留"，皆軍中所置以侍急迫，猶今之搪撥耳。孔子所謂傳命者，亦謂軍中之命令也。三代之制，大夫以上皆自畜馬；有所使命，自駕而行，而不需于公家。士及庶人，在官者之銜命，則公家予以駕，而不取洽于賦役。故問國君之富，數馬以對；國馬蕃于公廐，無所資于民矣。吉行日五十里，馬力不疲，適遠而不須更；易駕以往者，卽駕以返，無用馹也。諸侯之交，適遠者少；天子之使，或達于千里之外，則有軒輶之車。輿輕馬良，亦卽所乘以遠屆而已。古之政令，立法有章，號令統一，事豫而期有恆，故日行五十里而不失期會。後世有天下者，起于行陳，遂以軍中驛傳之法取快一時者，爲承平之經制；先事之不豫，徵求期會之無恆，馬力不足給，其意欲而立法以求急疾。至于魚蟹、瓜果、口腹之需，一惟其速而取辦于驛傳；天下增此一役，而民困益甚矣！誠假郡縣以畜牧之資使自畜馬以供公役；自近侍以至冗散，皆豐其祿餼，僕從各得多其報畜。一切奏報徵召，皆自乘以行，而特給以芻秣。雖乘輿之圉，亦取之國馬而足；則賦可減，役可捐，而中國亦資以富強，將不待輦鏹籠茶以請命于番夷上下交益之道也。開國之主，一爲刱制，捷于反掌，非如井田、封建之不易復也。

張子曰：日月之形，萬古不變形者，言其規模儀象也，非謂質也。質日代而形如一，無恆器而有恆道也。江河之水，今猶古也，而非今水之卽古水；鐙燭之光，昨猶今也，而非昨火之卽今火。水火近而易知，日月遠而不察耳。爪髮之日生而舊者消也，人所知也；肌肉之日生而舊者消也，人所未知也。人見形之不變，而不知其質之已遷；則疑今茲之日月爲邃古之日月，今茲之肌肉爲初生之肌肉，惡足以語日新之化哉？陽而聚明者，恆如斯以爲日；陰而聚魄者，恆如斯以爲日❶。月❷新而不爽其故，斯以爲无妄也。與必用其故物而後有恆，則當其變而必昧其初矣。

月食之故，謂爲地影所遮，則當全晦而現青晶之魄矣。今月食所現之魄，亦而濁，異乎初生明時之魄，未全晦也；抑或謂太陽闇虛所射，近之矣。乃日之本無闇虛于始出，及落時訖之自見；日通體皆明，而人于正午見之。若中闇虛而光從旁發者，目眩故爾。日猶火也，豈有中、邊之異哉？蓋月之受輝于日，猶中宵之鏡受明于鐙也；今以鐙臨鏡，而人從側視之，鐙與鏡不正相值，則鏡光以發；鐙正臨鏡，則兩明相衝，鏡面之色微赤而濁，猶月食之色也。介立其中者，不能取炤于鏡矣。日在下，月在上，相值相臨，日光逼衝乎月魄；人居其中，不見返映之輝，而但見紅昏之色，又何疑哉？

曆法有日月之發斂，而無步五星發斂之術；蓋土星二十九年有奇而始一周，行遲則發斂亦微未易測也。乃五星固各有其發斂，則去黃道之近遠，與出入乎黃道，亦各自有其差。太白于五星光芒最盛，去黃道近則日出而隱；其或經天晝見者，去黃道甚遠，則日不能奪之也。然則使置五星發斂之術以與太陽互算，則太白經天，亦可推測之矣。其爲休咎，則亦與日月食之，雖有恆度，而人當其下，則爲災也等，要皆爲有常之異也。

鹽政開中之法，其名甚美；綜核而行之乍利，要不可以行遠，非通計理財之大法也。商之不可爲農，猶農之不可爲商也。商其農，徒瘝其農而貧之于商；農其商，徒困其商而要不可爲農。開中者將使商自耕乎？抑使募人以耕乎？商固不能自耕，而必募人以耕，乃天下可耕之人，皆懷土重遷者；商且懸重利以購之，則貪者

❶ 據文意"日"，當爲"月"。——編者註
❷ 據同治本，"月"爲"日"。——編者註

舍先疇以趨遠利，而中土之腴田蕪矣。不則，徒使商豢游惰之農，而出不能裨其入也。抑天下果有有餘之農爲可募邪？則胡不官募之而必假于商乎？農出粟而使之輸金，唐宋以降之弊政也；商利用金而使之輸粟，則開中之弊法也。顛倒有無，而責非其有；貿遷于南，而田廬于北。人心拂而理勢逆，故行之未百年而葉淇得以撓之，商乃甯輸數倍之金以丐免遙耕之苦，必然之勢也。耕，猶食也，莫之勸而自勤者也；強人以耕，殆猶夫強人以食與不噎而噦者幾何哉？宜開中之不能久也。

與其開中而假手于商以墾塞田也，亡甯酷民以實塞；民就徙則漸安其可懷之土矣，獨疑無從得民而募徙之爾。葉淇以前商所募者爲何許人，當時不留之以爲官佃，則淇之罪也；或者游惰而鹵莽者乎？乃今廣西桂平、潯梧之間有獞人者，習于刀耕火種動苦耐勞，徒以府江左右皆不毛之土，無從得耕，故刦掠居民行旅以爲食。韓雍以來建開府，增戌卒，轉饟千里，大舉小入，數百年無甯日，斬殺徒勤而終不悛；若置之可耕之土，則賊皆農也。或慮其獞不受募，則可用雕剿之法，以兵邇其一二，得千許人，豐給其資糧牛具，安插塞下，擇良將吏拊循之；數年以還，俾旣有飽煖之色，擇其渠魁，假之職名，還令自相呼致。行之十年之外，府江之獞可空，塞下之萊可熟矣。且其人數獷悍習戰，尤可收爲墩堡之備，卽因之簡兵節饟可也。漢遷甌人而八閩安，中國實用此道爾。他如黔、蜀之苗犵，可遷者有矣；亳宿、鄖夔之流民，可耕者有矣；汀邵之山民，轉耕藍麻於四方，可募者有矣。當國者以實心而任良吏，皆爲塞下之農也，奚必開中而後得粟哉？

《內經》之言，不無繁蕪，而合理者不乏。《靈樞經》云："肝藏血，血舍魂；脾藏榮，榮舍意；心藏脈，脈舍神；肺藏氣，氣舍魄；腎藏精，精舍志。"是則五藏皆爲性情之舍，而靈明發焉，不獨心也；君子獨言心者，魂爲神使，意因神發，魄待神動，志受神攝。故神爲四者之津會也。然亦當知凡言心，則四者在其中，非但一心之靈，而餘皆不靈。孟子言持志，功在精也；言在養氣，功加魄也。若告子則孤守此心之神爾！《靈樞》又云："天之在我者，德也；地之在我者，氣也。"亦足以徵有地氣而非有天氣矣。德無听不凝，氣無所不徹，故曰在我；氣之所至德即至焉，豈獨五藏胥爲舍德之府而不僅心哉？四支百骸，膚肉筋骨，苟喩痛癢者也；地氣之所充，天德即達，皆爲吾性中所顯之仁、可藏之用。故孟子曰："形色，天性也。"

莊子謂："風之積也厚，故能負大鵬之翼"，非也。濁則重，清則微；天地之間，大氣所蒸，漸上則漸清，漸下則漸濁。氣濁以重，則風力亦鷙；氣清以微，則風力亦緩。然則微霄之上，雖或有風，微颸而已，安所得積而厚哉？鷽鳩之飛不能高，翼小力弱；須有憑以舉，能乘重而不能乘輕也。鵬之高也，翼廣力大，不必重有所憑而亦能乘也。使大鳥必資厚氣以舉，如大舟之須積水，雖九萬里亦平地之升爾。則方起翼之初，如大舟之一試於淺水，而早不能運，何從拔地振起以得上升哉？莊生以意智測物而不窮物理，故宜其云然。

東蒼天，西白天，南赤天，北元天；於晴夕月未出時觀之，則然，蓋霄色爾。霄色者，因日月星光之遠近，地氣清濁而異，非天之有殊色也。自霄以上，地氣之所不至，三光之所不行，乃天之本色，一無色也；無色、無質、無象、無數，是以謂之清也、處也、一也、大也，爲理之所自出而已矣。周正建子，而以子丑寅之月爲春，卯辰巳之月爲夏，午未申之月爲秋，酉戌亥之月爲冬。肇春淤南至而訖冬於大雪，非僅以天爲統之說也。子丑寅之月，寒色略同；卯辰巳之月，溫色略同；午未申之月，暑色略同；酉戌亥之月，涼色略同。因其同者而爲之一，時氣之驗也。自南至以後九十一日有奇，日自極南而至乎赤道；又九十一日有奇，自赤道而至乎極北；北至以後九十一日有奇，自極北而返乎赤道；又九十一日有奇，自赤道以至乎極南：赤道中分，南北大返。四至而分四時，天之象也。一陽生於地中，水泉動；故曰：春者，蠢也。雷發聲電見，桃李榮；故曰：夏者，大也。一陰生，反舌無聲；故曰：春者❶，揪❷也。水始涸，蟄蟲坏戶，故曰：冬者，終也，化之徵也。然則周所謂四時者，不可謂無其理矣；既有其理，而《泰誓》"春大會于孟津"，又明著其文。則知以建子之月爲春王正月，自《魯史》之舊，而非夫子以夏時冠周文之實之文，胡文定之說，誠有所未審，而朱子駁之宜矣。蓋天之說，亦就二十八宿所維繫之天而言也；北極出地四十度，南極入地四十度，赤道之南去地七十一度有奇耳，其北去地一百一十一度有奇也，則有如斜倚於南矣。其法當以赤道之中，當蓋之部尊；南北二極，當蓋之垂溜；既倚於南而復西轉，當蓋之反動；其說不過如此，非謂盡天之體而北高南下也。推其說，則北極之北，經星之所不至，當不得謂之天。故曰："天不滿西北。"然則極北之蒼蒼者，果何名邪？此其說之窒者也。抑卽以經星之天論之，使以赤道爲部尊，南北二極爲垂溜；則赤道之中，當恆見而不隱，北極出地上，當以日推移而不恆見。而今反是，則倚蓋之譬可狀其象，而不可狀其動也。此渾天之說所以爲勝。乃渾天者，自其全而言之也；蓋天者，自其半而言之也。要皆但以三垣三十八宿之大言天，則亦言天者畫一之理。經星以上，人無可得而見焉；北極以北，人無可得而紀焉。無象可指，無動可徵；而近之言天者，於其上加以應動天之名，爲蛇足而

---

❶ "春者"，當爲"秋者"。——編者註
❷ 據同治本，"揪"爲"擎"。——編者註

已矣！

渾天家言天地如雞卵，地處天中，猶卵；黄雖重濁，白雖輕清，而白能涵黄，使不墜於一隅爾；非謂地之果肖卵黄而圓如彈丸也。利瑪竇至中國而聞其說，執滯而不得其語外之意；遂謂地形之果如彈丸，因以其小慧附會之，而爲地球之象。人不能立乎地外，以全見地，則言出而無與爲辨，乃就瑪竇之言質之。其云地周圍蓋於九萬里，則非有窮大而不可測者矣。今使有至圓之山於此，繞行其六七分之一，則亦可以見其迤邐而圓矣；而自沙漠以至於交趾，自遼左以至於葱嶺，蓋不但九萬里六七分之一也；其或平或陂，或窪或凸，其圓也安在？而每當久旱日入之後，則有赤光間青氣數股自西而迄乎天中，蓋西極之地，山之或高或下，地之或侈出或缺入者爲之。則地之欹斜、不齊、高下、廣衍，無一定之形審矣。而瑪竇如目擊而掌玩之，規兩儀爲一丸，何其陋也！

利瑪竇地形周圍九萬里之說，以人北行二百五十里，則見極高一度爲準；其所據者，人之目力耳。目力不可以爲一定之徵，遠近異則高下異等；當其不見，則毫釐迥絕，及其既見，則倐爾尋丈，未可以分數量也。抑且北極之出地，從平視而望之也；平視則迎目速而度分如伸；及其漸升，至與人之眉目相值，則移目促而度分若縮。今觀太陽初出之影，晷刻數丈；至於將中，則徘徊若留。非其行之遲速、道之遠近，所望異也。抑望遠山者，見其聳拔蔽霄；及其近，則失其高不若卑，失其且近而曠然遠矣。蓋所望之規有大小，而所見以殊；何得以所見之一度爲一度，地下之二百五十里爲天上之一度邪？況此二百五十里之塗，高下不一，升降殊觀，而謂可準乎？且使果如瑪竇之說，地體圓如彈丸；則人處至圓之上，無所往而不蹈其絕頂。其所遠望之天體可見之分，必得其三分之二；則所差之廣狹，莫可依據，而奈何分一半以爲見分，因之以起數哉？彈丸之說，既必不然；則當北極出地之際，或侈出，或缺入，俱不可知。故但以平線準之，亦弗獲已之術也。而得據爲一定邪？且人之行，不能一依鳥道；則求一確然之二百五十里者而不可得，奚況九萬里之遙哉？蘇子瞻詩云："不識廬山眞面目，只緣身在此山中。"王元澤有云："銖銖而累之，至兩必差。"瑪竇身處大地之中，目力亦與人同；乃倚一遠鏡之技，死算大地爲九萬里，使中國有人焉，如子瞻、元澤者，曾不當其一笑。而百年以來無有能窺其狂駴者，可歎也！

　　歲之有次，因歲星所次而紀也；月之有建，因斗柄所建而紀也；時之有辰，因太陽所加之辰而紀也。是故十幹、十二枝之配合生焉。若日之以甲子紀，不知其何所因也。既觀象於天，而無所因以紀，則必推原於所自始而因之矣；倘無所紀，又無所因，將古今來之以六十甲子紀日者，皆人爲之名數而非其固然乎？非其固然，則隨指一日以爲甲子，奚不可哉！日之有甲子，因曆元而推者也；上古曆元天正，冬至之日以甲子始，故可因仍鱗次，至於今而不爽。乃以驗之於天，若以甲庚執破候晴雨之類，往往合符。是以知古人之置曆，元非強用推測爲理，以求天之合也。敦守敬廢曆元，趨簡而已；曆元可廢，則甲子將誰從始哉？古法有似徒設無益而終不廢者，天之用一不端，人之知天不一道，非可徑省爲簡易。惟來未曙於此，則將有如方密之閣學，欲盡氣盈朔虛一以中氣分十二節而罷朔閏者，天人之精意泯矣！

　　年與日之以甲子紀，皆以曆元次第推而得之；月之因乎斗柄，時之因乎太陽，但取徵於十二次，則亦但可以十二枝紀之而已。若同一建寅之月，孰爲丙寅，孰爲戊寅？同一加子之時，孰爲甲子，孰爲丙子？既無象數之可徵，特依倚曆元初始月時始於甲幹而推爾。乃以曆元言之，則冬至月建甲子，已爲歲首；而今用夏正甲子之藏，始於丙寅。抑申子之建自冬至始，而大雪以後，卽建甲子，義亦相違。故古人於月，但言建某枝之月；於時，但言時加某枝，而不繫以天干，立義精愼。後世瑣瑣壬遁星命之流，輒爲增加以節其邪說，非治曆之大經也。

謂黃帝吹律以審音，吹者吹其律之笙、簫、管、籥也；而蔡西山堅持吹之一字，以譏王朴用尺之非，過矣！朴用尺而廢律，固爲不可。尺者，律之一用耳，可以度長短大小，而不可以測中之所容與其輕重。且律兼度量衡而爲之準，是律爲母而尺其子也；用一子以廢羣子之母，其失固然矣。然律者，要不可以吹者也；枵然洞達之篇，音從何發？卽令成音，亦怒號之竅，于喁之聲而已。且吹之有清濁也，不盡因乎管，而因乎吹之者洪纖舒疾之氣，今以一管易人而吹之，且以一人異用其氣而吹之，高下鴻殺，固不一矣。又將何據以定中聲乎？唯手口心耳無固然之則，故雖聖人，必倚律以爲程；則管不待吹，絃不待彈，鼓不待伐，鐘不待考，而五音十二律已有畫一之章。然則言吹律者，律已成，樂已審，而吹以驗之也；非藉吹之得聲而據之以爲樂也。用尺雖於法未全，自賢於任吹者之徒徇口耳矣。

黃道出入赤道內外之差，冬至自南而反北，初遲後疾；至於赤道，則又漸向於遲。夏至自北而反之南，亦初遲後疾；至於赤道，則又漸向於遲。唯近赤道則疾，遠則漸遲，曆家測其實未明其故。蓋赤道當天之中，其體最高，則黃道所經亦高，漸移而南、北則漸降而下。在天成象者，清虛而利於上，故趨於高，則其行利，趨於下，則其行滯，猶在地成形者之利於下。是以二至之發斂三十秒，二分之發斂於三十八分九十五秒也。

謂日高故度分遠，是以日行一度；月下故度分近，是以日行十三度有奇，亦周旋曲護，陰當遲、陽當疾之說爾。七曜之行，非有情則非有程而強爲之辭；謂月與五星一日之行，各如日一度之遠近，亦誣矣！且經星託體最高，其左旋何以如是之速邪？夫使日之一度，抵月之十三度有奇；則土星之一度，當抵月之三百五十一度有奇矣。果如是其遠焉否也？抑必七政之疾徐，畫一而無參差，但以度分之遠近而異東西。既爾，南北亦宜然；月之九道，何以出乎黃道外者五度十七分有奇邪？天化推遷，隨動而成理數；陰陽遲疾，體用不測，畫一以爲之典，要人爲之妄也。以之論天奚當焉？

月中之影，或以爲地影，非也；凡形之因炤而成影，正出、旁出、橫出、長短、大小，必不相類。況大地之體，惡能上下四旁之如一哉？今觀其自東升，歷天中，以至于西墜，其影如一；自南至北，閱九道出入四十八度，其影如一；地移而影不改，則非地影明矣，乃其所以爾者。當繇月魄之體，非如日之充滿勻洽爾；受明者魄也，不受明者魄之缺也。意者，魄之在天，如雲氣之有斷續疏漏；或濃或淡，或厚或薄。所疏漏者，上通蒼蒼無極之天，明無所麗，因以不留乎？亦陽用有餘、陰用不足之象也。有餘則重而行遲，不足則輕而行速，抑可通於日月遲疾之故矣。

月行之道所以斜出入於黃道者，日行黃道之差，每日大槩以二十六分強爲率，三日半而始得一度。若月則一日而差三度半弱，故日雖漸迤南北，而其道恆直；月則每日所差既遠，其道恆斜也。日其經而月其緯乎？

"孫可以爲王父尸。"可以者，通辭也，不必定其孫而爲之也。假令周當平、桓以降，祭文、武二世，則安從得孫而爲之尸乎？天子七廟，雖無孫，而在五世袒免之內，親未盡則形氣相屬不遠，皆可爲尸。文武后稷雖已遠，而德厚者流光；凡其子孫，與同昭穆者，皆可尸也。然則祭禰廟者而未有孫，或取諸五世以內爲諸孫之列者與，若又無之，則收之所祭者再從以外之兄弟，期於無亂昭穆而已。

自漢以來，祭不立尸，疑其已簡；古人陰厭陽厭，於彼於此，亦不敢信祖考之神，必棲於尸。弗獲已而以有所施敬者爲安，要亦孝子極致之情爾。禮有不必執古以非今者，此其一邪？且祖考之尸用諸孫，祖妣之尸將用諸孫之婦邪？則形氣固不相屬矣。《詩》云："誰其尸之，有齊季女。"是明乎必取諸孫女之列也。一堂之上，合族以修大事於祖考；乃使女子與昆弟同几筵以合食而取象於夫婦。人道之別，不亦紊乎？必無已，而不必其形氣之相屬，使爲祖尸者之婦爲祖妣尸，乃同牢之禮；僅用於始昏，亦同於室而不同於堂。自此以外，必厚其別，乃於禮樂之地，兄弟具來，而夫婦合食以無嫌，亦媟甚矣！更無已，而比配無尸，即以祖之尸攝之；則一人而兩致獻酬，男子而婦人之，又已不倫。念及此，則不立尸爲猶愈也。司馬、程、朱定所作家禮，論復古備矣；而不及尸，亦求之情理而不得其安也。

《素問》之言天曰運，言地曰氣；運者，動之紀也，理也，則亦天主理、地主氣之驗也。故諸家之說，唯《素問》爲見天地之化，而不滯五運之序。甲己土，乙庚金，丙辛水，丁壬木，戊癸火，以理序也；天以其紀善，五行之生，則五行所以成材者天之紀也；土成而後金孕其中，土金堅立，水不漫散而後流焉。水土相得，金氣堅之，而後木以昌植；木效其才而火麗之以明。故古有無火之世，兩間有無木之山磧，無無金之川澤；而土水不窮，自然而成者長，有待而成者稚。五行之產，雖終始無端，而以理言之，則其序如此；故知五運者，以紀理也。地主氣，則渾然一氣之中，六用班焉，而不相先後；同氣相求，必以類應。故風木，與陽火相得也；陰熱，與燥金相得也；溼土，與寒水相得也。相得則相互，故或司天，或在泉，兩相唱和，無迥先也，以類互應，均有而不相制，奚生克之有哉？倘以生克之說求之，則水土克也，金火克也，胡爲其相符以成歲邪？理據其已成而爲之序，而不問其氣之相嬗；故以土始不以水始，亦不以木始，非有相生之說也。氣因其相得者而合，風興則火煬，火烈則風生；熱熯則燥成，燥迫則熱盛；溼蔭則寒凝，寒噓則溼聚，非有相克之說也。風，春氣也，故厥陰爲初火；熱，夏氣也；燥，秋氣也；溼寒，冬氣也：應四時之序而不虛。土位於中宫，於以體天地之化，賢於諸家遠矣。有滯理而化與物不我肖也，則不得已而爲之增減相就。如八卦配五行者，木二，金二，土二，水、火一。不知水、火之何以不足？木、金、土之何以有餘也？以五配四時者，或分季夏以居土，或割四季月之十八日以居土；不知土之何以必主此一月之中，與此八日之内也？抑不知季夏之氣，林鐘之律，何爲當自減以奉土也？唯《素問》"天有一火，地有二火"說爲不然。天主理，理者名實之辨，均之爲火；名同而實未有異。故天著其象，凡火皆火一而已矣；地氣，氣則分陰陽之殊矣。陰陽之各有其火，灼然著見於兩間，不相訢合，不能以陰火之氣爲陽火也；火，自然之火也，陽火，翕聚之火也。陰火不麗木而明，不煬金以流，不煉土以堅，不遇水而息；而陽火是。螢入火則焦，燭觸電則滅，反相息矣。故知二火之說，賢於木、金、土各占二卦之強爲增配也。

五運在天而以理言，則可以言性也。性著而爲五德：土德信，金德義，水德知，木德仁，火德禮。信者，人恆心，自然而成，諸善之長也；恆心者貞，是非之不易而固存者也。是非在我之謂義，是非在物之謂知非而存其是，油然不舍之謂仁。仁著於酬酢之蕃，變之謂禮；禮行而五德備矣。故恆心者，猶十幹甲己，五行之土色，孕發生乎四德而爲之長也。《論語》謂之識，《易》謂之蘊，《書》謂之念；作聖之始功，蒙之謂果行育德也。故通乎《素問》之言天者，可與言德。

蔡伯靖言水異出而同歸，山同出而異歸；非也，水流者也。故有出有歸，山峙者也；奚以謂之出，奚以之歸乎？自宋以來，閩中無稽之游士，始刱此說；以爲人營葬。伯靖父子習染其術，而朱子惑之，亦大之疵也。古之葬者，兆域有定，以世次昭穆而附焉。卽至後代，管、輅、郭璞有相地之說，猶但言形勢高，未指山自某來爲龍也。世傳郭璞《葬經》一卷，其言固自近理；自鬻術者起，乃竊《禹貢》導山之文，謂山來去。不知導山云者，因山通路，啟荆榛，平險阻，置傅舍爾；非山有流裔，而禹爲分疏之也。水之有出歸，往者過矣，來者續矣；自此至彼，駸駸以行明矣。若山則亙古此土，亙古此石；洪濛不知所出，向後無所歸，而奚可以出歸言之？彼徒見岡脊之容，一起一伏，如波浪之層疊、龍蛇之蜒屈；目熒成妄，猶者，見空中之花，遂謂此花有植根、有結實，其妄陋可笑，自不待言。如謂有所自起，有所自止，則高以爲基，可云自平地拔起，至於最高之峯而止，必不可云自高峯之脊，而下至於邱阜也。海濱，最下者必欲爲連屬之說，海濱爲崑崙之祖，非崑崙之行至海濱而盡一峯之積，四面培壅而成，亦可謂異而同歸矣。水以下爲歸，山以高爲歸，不易之理也。況乎踞峯四望，羣山雜列於地下；正如陳盂琖於彼此之各有其區域，而固不相因明矣。術士之說，但以夸張形似，誘不孝之貪夫；以父母之骴骼，爲富貴之資。有王者起，必置之誅而不舍之科；爲君子者，如之何猶聽其導於迷流邪？

謂天開於子，子之前無天；地闢於丑，丑之前無地；人生於寅，寅之前無人；吾無此邃古之傳聞，不能徵其然否也。謂酉而無人，戌而無地，亥而無天；吾無無窮之耳目，不能徵其虛實也。吾無以徵之，不知爲此說者之何以徵之如是其確也？古古者，以可聞之實而已知來者，以先見之幾而已。故吾所知者，中國之天下，軒轅以前，其猶夷狄乎？太昊以上，其猶禽獸乎？禽獸不能全其質，夷狄不能備其文；文之不備，漸至於無文，則前無與識，後無與傳，是非無恆，取舍無據。所謂饑則昫昫，飽則棄餘者，亦植立之獸而已矣。魏晉以降，劉、石之濫觴，中國之文，乍明乍滅；他日者，必且凌蔑以之於無文，而人之返乎軒轅以前，蔑不夷矣。文去而質不足以留，且將食非其食，衣非其衣；食異而血氣改，衣異而形儀殊，又返乎太昊以前而蔑不獸矣。至是而文字不行，聞見不徵；雖有億萬年之耳目，亦無與徵之矣，此爲混沌而已矣。

天地之氣，衰旺彼此迭相易也；太昊以前，中國之人，若麇聚鳥集，非必日照月臨之下而皆然也。必有一方焉，如唐虞三代之中國也。既人力所不通，而方彼之盛、此之衰而不能徵之；迨此之盛則彼之衰而弗能述以授人，故亦蔑從知之也。以其近且小者推之：吳、楚、八閩，漢以前夷也，而今爲文教之藪；齊、晉、燕、趙，唐隋以前之中夏也，而今之椎鈍駤戾者十九而抱禽心矣。宋之去今，五百年耳，邵子謂南人作相亂自此始，則南人猶劣於北也。洪永以來，學術節義，事功文章，皆出荆揚之產；而貪忍無良、弒君賣國、結宮禁、附宦寺、事仇讎者，北人爲尤酷焉。則邵子之言，驗於宋而移於今矣。今且兩粵、滇、黔，漸向文明；而徐、豫以北，風俗人心益不忍問。地氣南徙，在近小間有如此者；推之荒遠，此混沌而彼文明，又何怪乎？《易》曰："乾坤毀則無以見。"《易》非謂天地之滅裂也。乾坤之大，文不行於此土，則其德毀矣。故曰："黃帝、堯、舜，垂衣裳而天下治。"蓋取諸乾坤，則雖謂天開地闢於軒轅之代焉可矣。

卷二 俟解

博文約禮，復禮之實功也；以禮治非禮，猶謀國者固本自強而外患自輯，治病者調養元氣而客邪自散。若獨思禦患，則禦之之術卽患所生；專攻客邪，則府臟先傷而邪傳不已。禮已復而己未盡克，其以省察克治自易；克己而不復禮，其害終身不瘳。元家有煉己之術，釋氏爲空諸所有之說，皆不知復禮而欲克己者也。先儒謂難克處克將去，難克處蔽錮已深，未易急令降伏，欲克者，但強忍耳。愚意程子言見獵心喜，亦是難克處。畢竟難克；若將古人射御師田之禮，服而習之，以調養其志氣，得其比禮比樂、教忠教孝者有如是之美，而我馳驅鷹犬之樂，淡然無味矣。則於以克己不較易乎？顏子已於博文約禮欲罷不能，故夫子於是更教以克己，使加上一重細密細勘工夫，而終不舍禮以爲對治之本。若學者始下手做切實事，則博文約禮，如飢之食、如寒之衣，更不須覓嚴冬不寒、辟穀不飢之術，且遵聖人之教，循循不舍，其益無方，其樂無已也。

讀史，亦博文之事；而程子斥謝上蔡爲"玩物喪志"。所惡於喪志者，玩也；玩者，喜而弄之之謂。如《史記·項羽本紀》及《竇嬰灌夫傳》之類，淋漓痛快，讀者流連不舍，則有代爲悲喜神飛魂蕩而不自持；於斯時也，其素所志尚者不知何往。此之謂"喪志"，以其志氣橫發，無益于身心也。豈獨讀史爲然哉，經亦有可玩者，玩之亦有所喪：如玩《七月》之詩，則且沉溺於婦子生計、鹽米布帛之中；玩《東山》之詩，則且淫佚於室家嚅唲寒温拊摩之内。《春秋傳》此類尤衆，故必約之以禮，皆以肅然之心臨之；一節一目一字一句，皆引歸身心求合於所志之大者，則博可弗畔，面禮無不在矣。近世有《千百年眼》、《史懷》、《史取》諸書，及屠緯真、鳴苞、陳仲淳《古文品外錄》之類，要以供人之玩，而李贄藏書，爲害尤烈，有志者勿惑焉，斯可與於博文之學。

人之所以異於禽獸者，君子存之，則小人去之矣；不言小人而言庶民，害不在小人，而在庶民也。小人之爲禽獸，人得而誅之；無民之爲禽獸，不但不可勝誅，且無能知其爲惡者；不但不知其爲惡，且樂得而稱之，相與崇尚而不敢踰越。學者但取十姓百家之言，行而勘之，其異於禽獸者，百不得一也。營營終日，生與死俱者何事？一人倡之，千百人和之，若將不及者何心？芳春晝永，燕飛鶯語，見爲佳麗；清秋之夕，鵑啼蛩吟，見爲孤清。乃其所以然者，求食、求匹偶、求安居，不則相鬭已耳，不則畏死而震懾已耳。庶民之終日營營，有不如此者乎？二氣五行，搏合靈妙，使我爲人而異於彼，抑不絕吾有生之情而或同於彼；乃迷其所同而失其所以異，負天地之至仁，以自負其生，此君子所以憂勤惕厲而不容已也。庶民者，流俗也；流俗者，禽獸也。明倫、察物、居仁、繇義四者，禽獸之所不得興。壁立萬仞，止爭一線，可弗懼哉！

以明倫言之，虎狼之父子，蠢蟻之君臣，庶民亦知之，亦能之；乃以"樸實"二字覆蓋之，欲愛則愛，欲敬則敬，不強於所不知，不能謂之爲率真。以察物之言，庶物之理，非學不知，非博不辨；而俗儒怠而欲速，爲惡師友所錮蔽，曰何用如彼謂之所學不雜，其惑乎異端者，少所見而多所怪，爲絕聖棄智，不立文字之說以求冥解，謂之妙悟。以仁言之，且無言克復敬恕也；乃"事其大夫之賢者，友其士之仁者"，亦以驕惰奪其志氣，謂之寡交。居處，執事，與人，皆以執巧，喪其本心，謂之善於處世。以義言之，且無言精義入神也。以言餂以不言餂，有能此者，謂之伶俐；雞鳴而起，孳孳爲利，謂之勤儉傳家。庶民之所以爲庶民者，此也。此之謂禽獸！

有豪傑而不聖賢者矣，未有聖賢而不豪傑者也。能興卽謂之豪傑，興者，性之生乎氣者也；拖沓委順，當世之然而然，不然而不然，終日勞而不能度越於祿位、田宅、妻子之中，數米計薪，日以挫其志氣。仰視天而不知其高，俯視地而不知其厚；雖覺如夢，雖視如盲，雖勤動其四體而心不靈，惟不興故也。聖人以詩教以蕩滌其濁心，震其暮氣，納之於豪傑而後期之以聖賢，此救人道於亂世之大權也。

君子小人，但爭義利，不爭喻不喻；卽於義有所未喻，已必不爲小人，於利未喻，終不可納之於君子。所不能喻利者，特其欲喻而不能；故苟察於雞豚，疑枉於尋尺。使其小有才，惡浮於桀紂必矣，此庶民之禍所以烈於小人也。

梁惠王"鴻雁麋鹿"之樂，齊宣王之好樂，及雪宮之樂，孟子皆以爲可推而行王政；獨於利，則推而及於大夫士庶，其禍必至於篡弒。言一及之，卽如堇毒之入口，此理自天子至於庶人一也。私之於己則自賊，推之於人則賊人；善推恩者，止推老老幼幼而已，非己有仳仳之屋、萩簌之粟，而推之人使有之也。禽魚、音樂、游觀，私之於己而不節，則近於禽獸；仳仳之屋、簌簌之粟，擅有之而置於無用之地，禽獸之所不爲也。孔子言後其食，言不謀食，君子忠厚待人之詞也；抑春秋之時，風俗猶淳，貪者謀食而已。食之外有陳紅貫朽無用之物，以斂怨而積之，自戰國始；至秦而烈，癡迷中於人心而不可復反矣。故曰人欲，猶人之欲也；積金困粟，則非人之欲而初不可欲者也。流俗之惡至此，乃有食淡衣麤而務此者。君子有救世之心，當思何以挽之，必不可絲毫夾帶於靈府，尤不待言。

欲速成之病，始於識量之小；識量小，則謂天下之理，聖賢之學，可以捷徑疾取而計日有得。陸象山、楊慈湘以此誘天下，其說高遠，其實卑陋苟簡而已。識量小者恆驕；夜郎王問"漢孰與我大"，亦何不可驕之有？苟簡速成，可以快意；高深在望，且生媢忌之心。終身陷溺而不知愧矣！見賢思齊而可忌乎哉？賢無窮，吾初不知有之境，賢者已至；乃至一得之善，吾且不能測其何以能然，而敢忌乎哉？見不賢而內自省，而可傲乎哉？不賢亦無窮不賢者之所不爲而已，或爲之歸於不賢一也，而敢傲乎哉？立身天地之間，父母生之，何以不忝？終日與人酬酢，何以不疚？會其理則一通其類，則堯不足以盡善，桀不足以盡惡；不可以意度，不可以數紀，方且無有告成之日，而況於速？故學者以去驕去惰爲本，識自此而充。如登高山，登一峯始見彼峯之矗立於上；遠望，則最上之峯，早如在目。果在目也云乎哉？

不獲其身易，不見其人難。良以一陽孤立於二陰之上，陰盛之世，其庭之人皆無足見者也。其是非鄙，其毀譽誣，其去就速，其恩怨輕；苟見其人而與之，就不屑也，流俗汙世，不可與同也。見有其人而與之競，亦不屑也；其喜怒無恆，徒勞吾之喜怒而彼不受也。孤行一意，迥不與之相涉，方且忘其爲非；而況或取其一得之是，鳥獸不與同羣，唯不見其人而已。是以篤實之光輝，如泰山喬嶽，屹立羣峯之表；當世之是非、毀譽、去就、恩怨，漠然於己無與，而後俯臨乎流俗汙世而物莫能攖。故孔子可以筆削誅亂臣、討賊子，而凶人不能害；孟子可以距楊墨、斥公孫衍、張儀爲妾婦而不畏其傷。不然，雖自信其矯然之志操，而謙退則逢其侮，剛厲則犯其怒，皆咎府焉。唯見有人而與之爲訴、與之爲拒也。三代以下，惟黃州度其庶幾乎。爲陳實則流爲張儉，石介則折，皆行乎陰盛之庭而見有人也。

《易》曰："知鬼神之情狀。"然則鬼神之有情有狀明矣。世之所謂鬼神之狀者，髣髴乎人之狀；所謂鬼神之情者，推之以凡近之情。於是稍有識者，謂鬼神之無情無狀，因而並疑無卑無神。夫鬼神之狀，非人之狀；而人之狀，則鬼神之狀。鬼神之情，非人之情；而人之情，則鬼神之情。自無而之有者，神未嘗有而可以有；自有而之無者，鬼當其無而固未嘗無。特人視之不能見聽之不能聞耳。

雷者，陽氣發於地中以有光響，而或凝爲斧之石；斜日微雨，霑苗葉漸成形而能蠕動。於此可驗神之狀。汞受火煎，無以覆之，則散而無有；盂覆其上，遂成米粉。油薪爇於空曠，烴散而無纖埃；密室閉室，乃有煤墨。於此可驗鬼之狀。發生之氣，條達循理，可順而不可逆。神之所好者，義也，所惡者不義也；蒿焄悽愴，悲死而依生。鬼之所惡者，不仁也，所好者仁也，於此可驗鬼神之情。如謂兩間之無鬼神，則亦可謂天下之無理氣；氣者生無從而去無迹，理者亦古人爲之名而不可見不可聞者也。司馬遷曰："何知仁義以享其利者爲有德。"循名責實，必求其可見可聞者以爲情狀；則暴氣逆理，而但據如取如携之利，亦何所不可哉？鬼神者，聖人知之，君子敬之；學者盡人事以事之，自與流俗之下愚媚妖妄以求福者，天地懸隔，何得臨下愚之深以爲高乎？

明則有禮樂，幽則有鬼神；人道之通於天，天德之察乎人者也。鬼神則視不可得而見，聽不可得而聞；禮樂則飢不可得而食，寒不可得而衣，亦奚用此哉？苟簡嗜利之人，或託高明以蔑鬼神，或託質樸以毀禮樂；而生人之心，固有所不安。於是下愚鄙野之夫，以其不安之情，横出而爲風俗，以誣鬼神，以亂禮樂，皆苟簡嗜利者激而導之也。以艸野之供箸、醨酒爲禮，以笳管、篳栗、大鈸、獨絃及狹邪之淫娃爲樂，以小說、雜劇之所演游髡妖巫之所假說者爲鬼神。如鍾馗，斧首也，而謂爲唐進士；張僊，孟昶像也，而謂求嗣之神；文昌，星也，而謂之梓橦；元武，龜蛇也，而謂修行於武當：皆小說猥談。塗關壯繆之面以朱，繪雷霆之喙以鳥，皆優人雜劇倡之，而鬼神亂於幽，禮樂亂於明，誠爲可惡。乃名山大川，僅供遊玩，行歌互叫，自適情欲；取野人不容昧之情而澌滅之，則忠孝皆贅疣，不如金粟之切於日用久矣。存養省察之幾，臨之以鬼神則嚴；君民親友之分，文之以禮樂則安。所甚惡於天下者，循名責實之質樸，適情蕩性之高明也。人道之存亡，於此決也。

堂堂巍巍，壁立萬仞，心氣自爾和平；如強壯有力者，雖負重任行赤日中，自能不喘，力大氣必和也。毋以簠豆竿牘爲恩怨，毋以婦人稚子之啼哭、市夫市販之毀譽爲得失；以之守身，以之事親，以之治人，焉往而生不平之氣哉？故曰："未有不人而仁者也。"卑下之必生於慘刻也，學道好修之士，自命爲豪傑，於此亦割捨不下，奚足以與於仁？王龍溪家爲火焚，其往來書牘，言之不置；平生講良知，至此躁氣浮動，其所謂良知者，非良知也。夫子廏焚不問馬，故惻怛之心專注於人；人幸無傷，則太和自在聖人胞中。以之事親則底豫，以之立身則浩然，以之治人則天下歸之，此之謂良知。

吝似儉，鄙似勤，懦似慎；吝者貪得無已，何儉之有？鄙者銷磨歲月，精力於農圃簞豆之中，而荒廢其與生俱生之理，何動之有？懦者畏禍而避之，躬陷於大惡而不恤，何慎之有？儉者節其耳目口體之欲，節己而不節人；勤者不使此心昏昧，偷安於近小，心專而志致；慎者畏其身入於非道，以守死持之而不爲禍福利害所亂。能儉、能動、能慎，可以爲豪傑矣。莊生非知道者，且曰"人莫悲於心死，而身死次之"。吝也、鄙也、懦❶也，皆以死其心者也。

凡事但適如其節，則神化不測之妙即於此。禮者，節也，道前定則不窮，秉禮而已，聖人自有定式之可學，但忽略而不知通耳。陳白沙與莊定山同渡江，舟中有惡少，知爲兩先生而故侮之，縱談淫媒，至不忍聞；定山怒形於色，囘視白沙神色甚和，若不見其人、不聞其語者，定山以此服白沙爲不可及。定山之怒，正也，而輕用之惡少，則君子之威亦褻；白沙抑未免有柳下不恭之意，視其人如雞犬之亂於前不恭者，君子所不繇，至此而二者之用窮矣。子曰："以吾從大夫之後，不可徒行。"秉周禮也。白沙已授詞林，定山官主事矣；渡江自當獨覓一舟，而問津於買渡之艇，使惡少得交臂而坐，遂無以處之於後，非簡略之過歟？聖人不徒行但循乎禮制之當然，而以遠狎侮者，卽此而在養其性情之和；不妄於喜怒，容納愚賤，以使不得罪於君子，亦卽在此。此卽所謂"聖而不可知"也，無往而非禮焉耳。

羅念菴殿試第一，聞報之日，自袖米赴野寺講學，此賢於鄙夫耳。聞報之明日，卽而恩拜命，乃君子出身事主之始，自當敬愼以俟，而置若罔聞何也？名位自輕於講習，君義則重矣。《詩》云："被之僮僮，夙夜在公。"婦人且虔虔夙夜以待事，而况君子？念菴此等擧動，自少年意氣，又爲陽明禪學所惑，故偏而不中如此。後來見龍溪之放縱，一意踐履，自應知當時之非凡，但異於流俗爲流俗所驚嘆而豔稱者，皆皮膚上一重粗迹；立志深遠

---

❶ "儒"，當爲"懦"。——編者註

者，不屑以此自見。

　　生汙世，處僻壤，而又不免於貧賤。無高明俊偉之師友相與薰陶，抑不能不與惡俗人相見，其自處莫要於慎言；言之不慎，因彼所知而言之，因彼所言而言之，則將與俱化。如與仕者言則言遷除交結，與鄉人言則言賦役獄訟；不知痛戒而習爲固然，其迷失本心難以救藥矣！守口如瓶，莫此爲至。吾所言非彼所欲聞，則量晴較雨，問山川、談風物可爾；若范希文做秀才時，以天下爲己任，不容不詢芻蕘以達天下之情。然必此中瑩淨，不夾帶一絲自家飢寒利害在內，方可出面問世；不然，且姑自愛其口。若惡俗無恥苦相聒厭，則當引咎自反；我必有以致此物之至，益加緘默，生彼之愧，勿容自恕也。

　　莊生云："參萬歲而一成純。"言萬歲，亦荒遠矣！雖聖人有所不知，而何以參之？乃數千年以內，見聞可及者，天運之變，物理之不齊，升降污隆治亂之數，質文風尚之殊，自當參其變而知其常，以立一成純之局；而酌所以自處者，歷乎無窮之險阻，而皆不喪其所依，則不爲世所顛倒而可與立矣。使我而生乎三代將何如？使我而生乎漢、唐、宋之盛將何如？使我而生乎秦、隋將何如？使我而生乎南北朝、五代將何如？使我而生乎契丹、金、元之世將何如？則我生乎今日而將何如？豈在彼在此遂可沉與俱沉、浮與俱浮耶？參之而成純之一審矣。極吾一生數十年之內，使我而爲王侯卿相將何如？使我而飢寒不能免將何如？使我而蹈乎刀鋸鼎鑊之下將何如？使我而名滿天下功蓋當世將何如？使我而稿❶項黃馘沒沒以死於繩樞甕牖之中將何如？使我不榮不辱終天年於閭巷田疇將何如？豈如此如彼遂可驕、可移、可屈耶？參之而成純之一又審矣。變

---

❶ "稿"，當爲"槁"。——編者註

者，歲也；不變者，一也。變者，用也；不變者，體也。歲之寒暄晴雨異，而天之左旋七曜之右轉也一。手所持之物，足所履之地，或動或止異；而手之可以持，足之可以行也一。唯其一也，是可以參萬世無恆之人。富而驕，貧而諂，旦而秦，暮而楚，緇衣而出，素衣而入；蠅飛蝶驚，如飄風之不終日，暴雨之不終晨。有識者哀其心之死，能勿以自警乎？

樸之爲說，始於老氏，後世習以爲美談。樸者，木之已伐而未裁者也。已伐，則生理已絕；未裁，則不成於用。終乎樸，則終乎無用矣！如其用之，可棟可楹，可豆可俎；而抑可溷可牢，可杻可梏者也。人之生理在生氣之中，原自盎然充滿，條達榮茂；伐而絕之，使不得以暢茂，而又不施以琢磨之功，任其頑質，則天然之美既喪，而人事又廢。君子而野人，人而禽，胥曰此爲之。苦以樸言，則唯飢可得而食、寒可得而衣者爲切實有用；養不死之軀以俟盡，天下豈少若而人耶？自鬻爲奴，穿窬爲盜，皆以全其樸，奚不可哉？養其生理自然之文，而修飾之以成乎用者體也。《詩》曰："人而無禮，胡不遄死！"死者，木之伐而爲樸者也。

唯"直"之一字，最易蒙昧不察，則引人入禽獸；故直情徑行，禮之所斥也。證父攘羊，欲直而不知直，墮此者多矣。子曰："父爲子隱，子爲父隱。"隱字，切難體會。隱非誣也，但默而不言，非以無作有，以皂作白，故左其說以相欺罔也。則又何害於道哉？豈猶父子爲然乎？侍天下人，論天下事，可不言者隱而不言，又何嘗枉曲直耶？父而攘羊，不可證，固不侍言；即令他人攘羊，亦自有證之者；假令無證之者，亦無大損，總不以天下之曲直是非攬之於己，而遠其坦然自遂付物之是非於天下公論之心；即至蒞官聽訟，亦以不得已之心應之；吾盡吾道，不爲人情愛憎起一波瀾曲折，此之謂直。隱，即直也；隱而是非曲直原不於我一人而廢天下之公，則直在其中矣。

子之於父母，去一媚字不得；臣之於君，用一智字不得。口之於味，目之於色，耳之於聲，鼻之於嗅，四肢之於安佚，小人之媚人也在此，而加以色之溫、言之柔，其媚乃工。舜盡事親之道，此而已矣。辱之不避，斥之不退，刑戮將加而不憂；知必無可爲之理，而茫昧不知止，可謂不智矣。已而以之窮困，以之軀不得全，妻子不保，不智之尤也。甯武子、劉子政、段太尉、方正學之所守，此而已矣，自非君父則媚者小人之術，不智者下愚之自陷於阱矣；以處人之道事君父，以事君父之道事人。學術之不明而害性情之正，故人不可以不學。

語學而有云秘傳密語者，不必更問而即知其爲邪說。夫子之言，性與天道，不可得而聞，待可教而後教耳。及其言之，則亦與衆昌言。如呼曾子而告一以貫之，則門人共聞；而曾子亦不難以忠恕注破，固夫子之所雅言也。密室傳心之法，乃元❶、禪兩家自欺欺人事，學者未能揀別所聞之邪正；且於此分曉，早已除一分邪惑矣。王龍溪、錢緒山天泉傳道一事，乃摹倣慧能、神秀而爲之；其"無善無惡"四句，卽自是菩提樹四句轉語。附耳相師，天下繁有其徒，學者當遠之。

無譽者，聖人之直道；而曲成天下之喜，卽在於此。譽則有過情之言，因而本無此堅僻之志者，以無知者之推崇，而成乎不肯下之勢；則力護其名，而邪淫必極。如陽明撫贛以前，舉動俊偉，文字謹密，又豈人所易及。後爲龍溪、心齋、緒山、蘿石輩推高，便盡失其故吾。故田州之役，一無足觀。使陽明而早如此，則劾劉瑾討宸濠事，亦不成矣。蓋斥姦佞、討亂賊，皆分別善惡事，不合於

---

❶ "元"，卽"玄"。清朝爲避康熙帝玄燁的名諱，改"玄"爲"元"。——編者註

無善無惡之旨也。翕然而爲人所推獎，乃大不幸事。孔子自顏子無言不說，子貢力折羣毀外，他弟子皆有疑而相助之意，不失其誾誾侃侃行行之素，固當時人才之盛，亦聖人之薰陶學者，別是一種氣象。自不至如蠭之遶王，蠈蠈扇羽也。況德未立，學未成，而譽言至乎？聞譽而懼，庶幾免夫。

天地既命我爲人，寸心未死，亦必於飢不可得而食、寒不可得而衣者留吾意焉。聖賢之言，皆不可食、不可衣者也；今之讀書者，以之爲飢之食、寒之衣，是以聖賢之言爲俗髡妖巫之科儀巫咒也。哀哉！

王介甫以經義易詩賦，其意良善；欲使天下之爲士者，自習於聖賢之言。雖未深造，而心目之間，常有此理；作鏡中之影，以自知妍媸而飾之。自王守溪以"弱肉強食"之句爲邱瓊山所賞拔，而其所爲呼應開合、裁翦整齊之法，羣相奉爲大家。不知天地間要此文字何爲？士風日流於靡，蓋此作之俑也。子曰："辭達而已矣。"有意不達，達而不已，拙也；無意可達，惟言是飾，是謂"言不由衷"。王守溪、薛方山之經義，何大復、王元美之詩，皆無意可達者也；爲士於今日，不能不以此爲事。能達其意，如顧涇陽可矣；黃石齋之文狂，黃蘊生之文狷，殆其次乎？

侮聖人之言，小人之大惡也！自蘇明允以斗筲之識，將孟子支分條合，附會其雕蟲之技；孫月峯於《國風》、《考工記》、《檀弓》、《公羊》、《穀梁》，效其尤而以纖巧拈弄之，皆所謂侮聖人之言也。然侮其詞，猶不敢侮其義。至姚江之學出，更橫拈聖言之近似者，摘一句一字以爲要；妙竄入其禪宗，允爲無忌憚之至！讀五經四書，但平平讀去，涵泳中自有無窮之妙；心平則敬，氣平則靜，眞如父母師保之臨其上，而何敢侮之有？

陶淵明讀書，但觀大意。蓋自漢以後，注疏家瑣瑣訓詁爲無益之長言；如昔人所誚"曰若稽古"四字，釋至萬餘言。如此者，不得逐之以泛濫失歸；陶公善於取舍，而當時小儒驚爲迥異，乃此語流傳，遂爲憊惰疎狂者之口實。韓退之謂《爾雅》注蟲魚，爲非磊落人；而其譏荀、揚擇不精語不詳，則自矜磊落者必至之病。讀書者以對父母師保之心臨之，一謦欬、一欠伸，皆不敢忽，而加以視於無形、聽於無聲之情，將順於意言之表，方可謂聖人之言。以疎憊之才而效陶公，自命爲磊落，此之謂自暴！

"唯仁者，能好人，能惡人。"苟仁未熟，而欲孤行，其好惡也必僻；則必有所資以行吾好惡者。與君子處，則好君子之好，惡君子之惡；與小人處，則好小人之好，惡小人之惡。又下而與流俗頑鄙者處，則亦隨之以好惡矣。故友善士者，自鄉國天下以及於古人所謂"以友輔仁"也。謂引吾好惡之情，而擴充吾善善惡惡之量也。

君子之懷刑者，常設一聖王在上，良有司奉法惟謹之象；於衰亂之世，則其所必不可爲者見矣。亂世末俗之所謂不可爲者，有可爲者也；其所可爲者，多不可爲者也。出乎刑者入乎禮，豈惴惴然趨利避害之謂乎？

"毋友不如己者。"安所得必勝己者而友之？必求勝己，則友孤矣。恆人之病，樂友不如己者以自表暴，而忌勝己者不與之友，故切以爲戒。人之氣質，互有勝劣，動靜敏遲，剛柔儉博，交相爲勝；忌其相勝，則取近己之偏者而與友，近己之偏，則固不如己矣。以其動振己之靜，節己之動；以其剛輔己之柔，以其柔抑己之剛；以其敏策己之遲，以其遲裁己之敏；以其儉約己之博，以其博益己之儉：則雖賢不如己，而皆勝己者矣。凡見爲如己者，皆不如己者也。從己之偏，己既有一偏之長矣，彼無能益而相獎以益偏，此之謂不如己。

守其所見而不爲違心之行，亦可謂之信；忘乎已而一於理之謂誠。故曰："言不必信。"一於理也。朱子謂衆人之信只可喚作信，未可喚作誠；蓋流俗之所謂誠者，皆不必之信。天下之物理無窮，已精而又有其精者，隨時以變，而皆不失其正；但信諸己而即執之，如何得當？況其所爲信諸己者，又或因習氣，或守一先生之言，漸漬而據爲己心乎？

人之所爲，萬變不齊，而志則必一；從無一人而兩志者。志於彼，又志於此，則不可名爲志，而直謂之無志。天下之事，無不可行吾志者：如良醫用藥，温涼寒熱，俱以攻病；必欲病之愈者，志也。志正，則無不可用；志不持，則無一可用。倖倖然一往必伸者，介然之氣也；氣則有伸有屈，其既必遷，以此爲志，終身不成。

學易而好難，行易而力難，恥易而知難；學之不好，行之不力，皆不知恥而恥其所不足恥者，亂之也。不學不行者有矣，人未有一無所恥者；乞人與有之自惡衣惡食，宫室之不美，妻妾之不奉，所識窮乏者之不得我。至於流俗之毀譽，汙世之好尚，皆足以動人之恥心。抑有爲富最大而人不知者，師友之規諫，賢智之相形；不以欣然順受，企慕之心承之，而憤怍掩覆，若惟恐見之、唯恐聞之，此念一蒙，則雖學而非其所好，雖行而必不力，樂與讒諂面諛之人交，而忌媢毁謗以陷溺於不肖之爲，皆無所不至。故恥必知擇而後可謂之有恥。

直而濟之以慎，乃非證父攘羊之直；慎而用之於直，乃非容頭過身之慎。道聽之，塗說之，聞善則譽之，聞不善則毁之；縱心縱口，無忌憚而爲小人，直之賊也。惟不慎也，欲進而不敢進，欲退而不敢退，無取怨於人之道，而猶畏人之怨己；無不可伸志之爲，而猶隱忍而不敢爭，慎之賊也。唯不直也，一失足於流俗，則终身之耻不可洒；一得罪於清议，则百行不能掩其非。如之何不惧！慎者，慎吾之不直也；惟恐不直，则惟恐不慎。直而不慎，则为似忠信之乡原；慎而不直，则为患得失之鄙夫，将以免尤悔。幸而免焉，鬼神谪之，况其不能免乎？

忽然一念横发，或缘旧所爱憎，或驰逐於物之所攻取；皆习气暗中於心而不禁其发者，於此而欲遏抑之，诚难。如见人食梅，则涎流不能自禁；若从未尝食梅者，涎必不流。故天下之恶，以不闻为幸；闻之而知恶之，亦是误嚼乌喙，以药解之，特不速毙，未尝不染其毒。亲正人，远宵小，庶几免夫。若涖官听讼，不容已於闻人之恶；乃《易》曰"无畏狱"，曾子曰"勿喜"。非止矜恤之，亦以天下千条万绪之恶，不堪涵泳也。

末俗有习气无性气；其见为必然而必为，见为不可而不为，以娓娓然自任者，何一而果其自好自恶者哉？皆习闻习见而据之，气遂为之使者也。习之中於气，如瘴之中人；中於所不及知，而其发也，血气皆为之霳涌。故气质之偏，可致曲也；欲嗜之动，可推以及人也。惟习气移人，为不可复施斤削。呜呼，今之父教其子，兄教其弟，师友之互相教者，何一而非习气乎！苟於事已情定之际，思吾之此心此气何自而生！见为不可已者，果不可已乎？见为可不顾者，果可不顾乎？假令从不闻此，从不见此，而吾必不可不如此乎？吾所见所闻者，其人果可以千古、可以没世乎？则知害之所自中矣。吾性在气之中，气原以效性之用；而舍己以为天下用，是亦可以悔矣。如其不能自觉，则日与古人可诵之诗、可读之书，相为浃洽而潜移其气，自有见其本心之日。昧者不知者曰：吾之性气然也。人亦责之曰：其性气偏也。呜呼，吾安得性中之生气而与之乎！

伯夷隘，柳下惠不恭，君子不繇；君子之所恥，如此其大也。聖人之瑕,且恥錄之矣。降而爲天下之善士,有不足者,恥與之同;降而一國之善士,恥與之同其失;降而一鄉之善士,恥與之同其失止矣。若夫人之與我不同類,其卑陋顛倒之爲,屑屑然以之爲戒,則將以幸不爲彼之爲而自足。嗚呼,吾之生也,而僅異於彼乎!人之大小,自截然分爲兩塗;如黑白之不相雜,全其黑而求全於白之中。雪也,玉也,且於雪、玉有擇焉;而但求白之異於黑乎?三人行,擇其不善而改之;聖人之大用,非爾所及也。

法語之言而從,巽與之言而說,即不繹不改之心也。法言而能說,巽言而能從;說而後改,從而後繹,聞教之下,移易其情,則善矣。巽言而說者,好諛之心也;法言而從者,無恥之恥也。待言而生,改過遷善之心已末矣!況但以聲音笑貌而易其情乎?

孟子言性,孔子言習。性者天道,習者人道。《魯論》二十篇,皆言習。故曰:"性與天道,不可得而聞也。"已失之習而欲求之性,雖見性且不能救其習,況不能見?《易》言:"蒙以養正聖功也。"養其習於童蒙,則作聖之基立於此;人不幸而失教,陷入於惡習。耳所聞者,非人之言;目所見者,非人之事。日漸月漬於里巷村落之中,而有志者欲挽回於成人之後,非洗髓伐毛,必不能勝。惡他人之惡,不如惡在我昔日之所知、所行、所聞、所見。高洋治亂絲,拔刀斬之,斯爲直截;但於其中揀擇可爲不可爲,而欲姑存以便所熟習,終其身於下愚而已!

人之唯其意之所發而爲不善者,或寡矣。即有之,亦以無所資籍、無所印證,而不圖其失已著尚可革也。故唯其所愛而爲不善者,過也,非惡也;聞惡人之言因而信之,則成乎惡而不可救。故君子於人之不善,矜其自爲之過,而望其改;其聽惡人之言而效之,則深惡而痛絕之。臣豈敢殺其君,子豈忍殺其父,皆有導之者也;導之者,皆言之有故、行之有利者也。國有鄙夫,家有敗類，以其利口，強有力成人之惡；習焉安焉，遂成乎下愚不移，終不移於善矣。故聖人所以化成天下者，習而已矣。

做經生讀書時，見古今之暴君汙吏，怒之怨之，長言而詆誹之；卽此一念，已知其出而居人上，毀廉恥、肆戕虐者，殆有甚焉。何也？其與流俗詆誹者，非果有惡惡之心，特以甚不利於己而怒怨之耳。有志者，其量亦遠。伊尹當夏、桀之世而樂，何屑與之爭得失乎？且彼之爲暴爲汙者，惟其以利於己爲心也；彼以利於己而爲民賊，吾亦以不利於己而怨怒之，易地皆然。故曰：出而居人上，殆有甚焉。惡人之得居人上而害及人，天也；悔蒙否塞，氣數之常也，安之而已。退而自思，吾雖貧賤，亦有居吾下者，亦有取於人者，亦有宜與人者。勿見可爲而卽爲，見可欲而卽欲；以求異於彼而不爲風氣所移，則孤月之明，炳於長夜，充之可以任天下。

不得已而爲資生之計，言者曰惟勤惟儉；儉尚矣，勤則吾不知也。勤所以不可者，非惰之謂；人之志氣才力與有涯之歲月，唯能勝一勤而不能勝一勤。吾自有吾之志氣，勤於此則荒於彼。雞鳴而起，孳孳爲利；專心並氣，以趨一塗，人理亡矣。若失儉，則古人有言曰："儉，德之恭也；侈，惡之大也。"儉所以爲德之恭者，儉則事簡，事簡則心清，心清則中虛，而可以容無窮之理；而抑不至浮氣逐物，以喪其所知所能之固有。彼言資生而以儉與勤並稱者，非儉也，吝也；儉以自勤，吝以成貪，其別久矣。吝而勤，充其所爲，至不知君父，嗚呼，危矣哉！天地授我以明聰，父母生我以肢體；何者爲可以竭精疲神而不可惰？思之思之，尚知所以用吾勤乎？

卷三　噩夢

　　教有本，治有宗，立國有綱，知人有道；運天下於一心而行其典禮，其極致不易言也。所可言者，因時之極敝而補之，非其至者也。如衡低而移其權，又慮其昂；雖然，亦有其平者，卑之勿甚高，論度其可行，無大損於上而可以益下，無過求於精微而特去流俗。苟且迷復之凶民，亦易從亦易見德；如大旱之得雨，且破其塊，繼之以霢霂者，亦循此而進之。魯兩生曰：“禮樂必百年而後興，百年之始，蕩滌煩苛，但不違中和之大端而已。天欲其蘇人之死，解人之狂，則旦而言之，夕而行之可也。”嗚呼，吾老矣！惟此心在天壤間，誰爲授此者？故曰“噩夢”。

　　孟子言井田之略，皆謂取民之制，非授民也；天下受治於王者，故王者臣天下之人而效職焉。若土，則非王者之所得私也；天地之間，有土而人生其上，因資以養焉。有其力者治其地，故改姓受命，而民自有其恆疇，不待王者之授之。唯人非王者不治，則宜以其力養君子。井田之一夫百畝，蓋言百畝而一夫也；夫既定而田從之，田有分而賦隨之。其始也，以地制夫而夫定；其後則唯以夫計賦役，而不更求之地，所以百姓不亂而民勸於耕。後世之法，始也以夫制地，其後求之地而不求之夫；民不耕則賦役不及，而人且以農爲戒，不驅而折入於權勢姦詭之家而不已。此井田取民之制，所以爲盛王之良法，後世莫能及焉。夫則有制矣，田則無制也。上地不易，百畝而一夫；中地一易，二百畝而一夫；下地再易，三百畝而一夫。田之易非爲法，禁民使曠而不耕也，亦言賦役之遞除耳。再易者，百畝三歲而一征也；一易者，間歲而一征也。上地百畝而一夫，中地二百畝而一夫，下地三百畝而一夫；三代率因夏禹之則壤，爲一定之夫家而用之，或熟或否，或有廣斥，皆不復問。其棄本逐末，一夫之賦自若，民乃謹守先疇而不敢廢。故去秋譏初稅畝舍版籍之夫，而據見在墾田之畝以稅也。譏作丘甲用田賦者，先王之制，五百七十六夫而出長轂一乘，至此則覈實四邱之田爲一甸，其後並以井邑邱甸爲不實，而據見在之田畝合併畸零以起賦舍。人而從土，魯之所以日敝也。然則取民之制，必當因版籍以定戶口，卽戶口以制稅糧。雖時有登降，而抛荒、鹵莽、投賣、強豪、逃匿、隱漏之弊，民自不敢目貽以害；得井田之意而通之，不必問三代之成法，而可以百世而無敝也。

孟子言農夫獲穀之數凡五等，以中爲率。古者上歲，民食月四鬴，中歲三鬴，下歲二鬴；以三鬴爲準，十一而取一夫之稅，歲賦二十五鬴有奇，鬴六斗四升。古斗斛大小不可詳考，大率一鬴當今三斗而弱；其賦七石五斗，以米半折之，爲米三石七斗有奇，賦未嘗輕也。古今量制雖難通算，而以食七人準之，則歲獲略止四十九石。今南方稻田，歲獲上田不過十二畝，下田不過二十畝，今法止額粮一石內外耳。是古之賦稅，且三倍於今而有餘，民何以堪？惟古者以夫定稅，一夫止取其百畝之賦；殷、周一沿夏之則壤，而但記其民籍之登耗。地雖闢而賦不溢，若其荒廢而賦亦不減，則所謂農服先疇而治安長久也。今雲南以工計田，猺洞以戶起科，皆其遺意。故民有餘而無逋欠，歲入有恆量入爲出，亦無憂國用之不給也。卽如洪武間，惟徵本色一石，亦不患金錢之遺；則覈戶口於立國之始，以求定田制，民何憂不足？地何憂不墾？逋負無所容姦，蠲赦可以不數，而國抑何憂之哉？

立國之始，法不得不詳；有國之道，用不得不豐。不詳，則苟橫者議其後，而變易增加之無已；不豐，則事起而猝無以應，必橫取之民以成乎陋習。如驛遞者，國之脈絡，不容壅滯者也。故在國初，水馬驛櫛比蔓綿，恆處於有餘；建驛官，設驛卒，站馬站夫，紅船快船，鋪程供應口，粮皆細計而優儲之。卽驛官利其有餘而私之，勿問也；乃以濟公事而民力以不與聞而舒。嘉靖間言利之小人始興，萬歷繼之，崇禎又繼之，日爲裁減。爲之說曰：非勘合火牌，不許應付。而實則大不然，水則擄船，陸則派夫；縣不給則委之殷實、委之行戶，已而全委之里甲。孰爲作此俑者，流毒無窮；則何如加賦之猶有定額也？驛遞之外，莫如公費：且若皇華銜命，監司巡行，賓客經過，節序宴會，相爲酬酢；賓興考課，必有供獎。廨宇橋路，必時修理；下逮輿皂，犒賜孤貧拯給，皆人情物理不可廢之需。無故統天下而作貧苦無聊之態，實則不能廢而聽吏橫取之民；苟其橫取，則無可復制而益趨奢濫。於是而民日困，國日貧，誣上行私，莫之紀極矣！

《會典》田粮起科，上田每畝不過七升八合極矣；乃今南方額派，有畝一石有奇至二石者。其源有二：蘇、松、常、湖等郡，則張士誠君臣汲官之田與籍，汲豪右及遷徙濠、泗之產，皆名爲官田，俱照田客納租田主之數，輸官而免其賦役，當時稍便之。愚民利小利，賃耕之，遂爲世業。其後督責不堪，民以逃亡。海中丞瑞，不能爲奏請改民以均甦之，而平鋪於民田以爲一切苟且之計；故無官無民，其派均重而民困拯矣。若他處雖無官田，而市郭民居，山林園圃陂池皆丈量起科；其後鬻產者，留宅地山林而賣其田，乃以彼糧鋪于田畝，歲久移易，莫從稽攷，而粮有倍墮者矣。其失任不念廛居之征，以市肆衝僻爲上下，初非可以丈量定者；山林則榮落無恆，園池則修廢因人，豈得計畝以爲額。古者廛有廛稅，不入經界，林木竹苧，則可干鬻處稅之而不可限以恆有。今欲蘇民之困，唯有據見在之墾田，以七升八合遞下爲準，而元額斷不可復；但令實科實徵，民自可無逋欠，亦何國計不足之有？若宏治、萬歷兩次丈量，所司皆以取足元額，而略爲增減；其萬歷中江陵操切，尤爲一切之法，愈不足據也。

言三代以下之弊政，類曰強豪兼并，賃民以耕而役之；國取十一，而強豪取十五，爲農民之苦。乃不知賦斂無恆，墨吏猾胥，姦侵無已。夫家之征，并入田畝村野；愚懁之民，以有田爲禍，以得有強豪兼并者爲苟免逃亡起死迴生計之。惟強豪者，乃能與墨吏猾胥相浮沉，以應無藝之征；則使奪豪右之田，以畀貧懁，且甯死而不肯受嚮，令賦有成法而不任其輕重。孤兒獨老，可循式以輸官，則不待奪有餘授不足；而人以有田爲利強豪，其能橫奪之乎？賦役名數，不簡公費，驛遞不復。夫家無征一切責之田畝，田不盡歸之強豪不止；而天下之亂，且不知所極矣！

唐制，郡縣有赤、畿、望、雄、緊、上、中、下八等，以爲官秩之崇卑、出身之優劣、升遷之上下，事之繁簡、任之輕重、人才之進退，因以分焉，誠善法也。今官制於府、州、縣注以繁簡，猶之可爾；注以頑淳，已非獎勵風俗、責成教養之道；況注以饒瘠，則是羨之以貧而悼其廉也。筮仕之初，已有饒瘠在其胸中；欲士之有廉恥、民之有生理，得乎？

稅糧分派，令民徵納多寡，有截然之類，則愚民易知，而姦詭無所容。立法者在上，一切爲苟簡，而使下分析之爲繁難，此甚無謂也。如漕運以四百石爲準，派於直省各若干萬；乃額糧之多寡初不整齊，而部授教於司，司分派於州縣。取必於部，授之總數，以碎細洒分之；遂於斗升之下，立合、勺、抄、撮、圭、粒、粟等虛立之名，因而輕齎耗腳，水利過湖兩尖及楞木松板，亦就零星派數而洒加之。姦僞相乘，善算者莫之能詰，而況愚氓乎？夫名因實而生者也。勺抄以下，無此量器，何從而爲之名；十粒爲圭，千粒爲抄，誰爲歷數粒下有粟，豈剖稻麥爲十粟耶？凡此皆可資一笑，乃徒以燼亂人之耳目；而施之以利折秋毫之教，非小失也。且如北運以廣儲偫，亦豈必四百萬之整齊而無餘欠哉？則何如通計可漕地面，夏稅秋糧，共若干；因坐派民米一石，運米幾斗幾升，至於升而止。卽或於四百萬石之數有餘有欠，亦何不可？官倉所入，不妨歲有畸零；農民所輸，自可截然畫一，若民畝之有畸零，自以三從五、七從十，一二消除，皆至升而止；則一切脚耗之類，皆可簡明計之矣。如折色輸銀者，亦但可至釐而止；其下有毫、絲、忽、秒、微、塵、纖、埃，猥誕亡實，名目盡屬可汰。蓋部司憚煩，不先爲分析，而約略授以總數；乃使郡邑縷分，而至於汎濫以成乎纖詭耳。至丈量地畝，古人至畝而止；不成畝者，勿計也。今卽不能，亦可至一畝十分而止；如釐、毫、絲、忽之名，奚從而生？使於畝、分之外，算有餘羸，蠲以與民，亦不至於病國。王者亦何愛此錙銖，而顯受盡地力之惡哉？凡諸瑣細不經之名數，前代未有，始於宋、元之間；舞文小生，竊律歷家之餘瀋以殃民。禍雖小而實大，安得一滌除之以快天下之心目也耶？

　　光祿寺歲費二十四萬，郊廟社稷，羣小祀慶成長，至元旦、萬壽、番使、賜宴，皆取給於內；乾清、坤甯二宮，常膳上奉慈養，旁及東宮與未就封之皇子皇女，下給六宮、六尚以至宮婢、奄寺之食料，莫不仰資。一日之費，僅六百六十兩有奇，其儉蔑以加矣。蓋米麵出於正供，酒醋鹽菹、禽魚蔬果具於各署，鹽茶蠟棗俱有實收；本色不盡此煩太倉，其措置亦密矣，乃抑未免有唐、魏之風馬。故逮成化時，虛祖宗積貯之帑藏，以供御用，而後又可知已。至正德移太倉銀一百一萬有奇爲金花，以供遊幸犒賜之用，凡四倍於歲供，而國遂虛；嘉靖初，新都總已於遺詔未能復歸太倉以待新主之善政，因循一年，遂轉爲醮壇之費；醮壇罷而御用承之，相沿以至於匱乏，則二十四萬二千餘兩之制，空有其名，而費不貲矣！然後知《周禮》唯王及后不會之用意精也。王后之好賜雖不會，而取給於職幣；職幣之入，多寡隨時，儉可以畜而奢有所止，中主之志欲亦得矣。蕭何有言，使後世無以加，誠遠慮也。子孫處承平之後，不能深喻艱難，束之則愈縱，勢所必至，何似豫達其情以爲之節宣哉？

黃册之法，始於周尚書濟一言而定一代之規；乃行之既久，十甲司册者，習爲姦私，以成影射飛漏之弊。然法雖詭而人存，脫漏墮射，猶有所稽覈；迨册書廢而愈亂矣。一縣數萬戶，册籍輪掌，而總寄之一縣吏，又非大猾不任，此安能持之數十年乎？若通黃册之法而善用之，無如不專任十甲，而當十年大造之際，於十甲內遞輪一甲管十年之籍；新舊交相對驗，各存舊册以相稽考。且縣之有丞簿，非漫設也；唐宋有司戶之官，正爲此設。無如專委於簿，以統糾其鬻賣別戶收除之實；每一官交代，則舉任內有無推收具册呈縣，其縣每歲實徵之册，必從簿發，而令當年里長與册書對驗，無有差謬而後開徵。此最爲民事利病之尤者，必不可以苟且取便者也。

立法之作，無取太寬，常留有餘之德意於法外，以使有可寬；故大貉、小貉之弊，必至於大桀、小桀。唯通國計之，常變而處於有餘之地；乃寬之於課程，則民不狃爲易供，而其後受束溼之苦，斯以樂生有道矣。今百姓之困敝殆無孑遺，皆自守令之考成爲始禍之本。聞嘉、隆間，具以歲課滿八分以上者，大計膺貪酷之黜；上雖未爲之法，而下自體德意以行之。故民力裕而民心固，雖土木之變，鄧茂七、黃蕭養、劉、趙、鄢、藍諸寇之竊發，弗能搖也。以稅粮完欠爲有司之殿最，法始于江陵，一決其藩而不可復牧矣！申、王二相，反江陵而過爲縱弛，乃以資言利者之口實，溫體仁全師江陵之術而加甚焉！有戶書李待問者，爲之羽翼，乃令知推行，取府懸邱官給繇，皆行戶部，比較任内完欠；遂使牧民者唯鞭笞赤子爲務，而究之逋負山積，激成大變。所謂"則何益矣"者，信矣！故戶部考成之陋制不革，而欲民之免於深熱，必不可得也。

　　軍衛之制，行之百餘年而大壞。成宏間，軍尚可用，衛弁亦尚自力於武事；正、嘉而後，不可復理，勢所必然也。唐變府兵爲彍騎，而特重邊帥之寄；故雖有漁陽之禍，而終得朔方之益；揖吐蕃、回紇而進之，而終詘於中國之強。宋與本朝，仍舊相沿，憚爲改飭。宋之禁軍、廂軍，與衛軍略同。禁軍，團營也；廂軍，衛所也：皆散武備於腹裏也。夫唯軍衛聚屯於邊，其身家託焉；而又沐浴於剛勁之氣，則莫之勸懲而自練習於武勇。若散屯於腹裏，使其黠者游文墨歌舞之中，其陋者齷齪於鴨豚園池之利；心厭甲胃❶而神氣俱爲之疲恭，欲其不化而爲驚麏縮蝟，不可得已！且兵聚則勇，散則怯；故東漢自平亂以後，置屯黎陽，所以聚之於勇武之鄉也；天下皆有兵而天下無兵矣。腹裏之所防者，盜賊耳；其始發也，良有司率機快健捕制之而有餘。藉令其嘯聚漸衆，移邊兵而討之，亦易爾，烏庸是郡郡而置軍乎？洪永間分列衛所，頗以遷就功臣而處之善地，遂以壞一代之軍政；卽以屯田言之，使屯於腹裏而耕民所可墾之田，何若屯於邊而墾民所不耕之土乎？制腹裏之盜賊，以民兵而已足；畜厚威於邊，不特夷狄莫之敢窺，腹裏之姦

---

❶ "胃"，當爲"冑"。——編者註

究，亦隱然有所畏憚而不敢逞。南循海澨，接南甯、太平，遠黔、滇、建昌、黎、岷，遵九邊，盡於登萊皆用武之區；中間要害，如徐州、虔南、偏沅、鄭夔、潼關，亦可扼險而收土着丁健之用。沿海，則水師訓習之地也，環繞以固中區，爲詩禮耕桑之域。運天下於掌，而處九州如一室，莫便於此；勿爲襲趙宋褊忌之計，以自翦羽翼而成禽也。

武舉之制，至烏程、武陵秉國之後，而敗壞極矣！顧其始，亦未爲得也。文章吏治，有循序漸進之道焉：養之以從容，而愼重之以獎其廉恥，固一道也；若武夫，則用其朝氣而不用其暮氣者也。以次而舉之，果有能者，必不耐其迂遲；其能耐者，必其大不堪者也。勿爲之科，而於大閱之日，募草澤之有智略勇敢者，督撫試而特舉之，部覈之而授之以試職；卽使之從大帥軍中以待命于邊，或爲突騎，或爲隊哨之長，或分城堡之守，或効幄幕之用，實委之以戰守之事。其失也，不過亡一人；其得也，遂可以拔非常之士。而黠悷者不敢以身嘗試。以歲一舉之而已足，何事於科場之瑣瑣，決取舍於數矢之中否、數行之通塞哉？

言治術者，有名美而實大不然，則鄉團、保甲是已。其說摹倣《周禮》，而所師者管仲"軌里連鄉"之制爾。自周以前，列國各自立軍；大國三軍，次國二軍，小國一軍。一國之隙，無從別得勇武之士而用之，則就農民而盡用其丁壯；亦如今土司之派其狼玀以爲兵，蓋以防隣國之兼并，而或因以兼并鄰國。其事本不道，而毒民深矣！封建旣廢，天下安堵，農工商賈，各從其業，而可免於荷戈致死之苦；此天地窮則變而可久者也，奈何更欲爭鬭其民哉？朱子自謂守郡日時有土寇，故欲訓練保甲；後熟思此土之民，已競武勇，奈何復導之以強，因而已之。大儒體國靖民之遠圖，不泥於古，固如此；未嘗挾一"寓兵於農"之成說，以學術殺天下，如王介甫之鰓鰓於保甲也。盜賊，初非敵國也；以政安之，以法治之，天子建吏，不能爲民弭盜，而使民之以生死爭一旦之利乎！團、保之立，若不實覈之以武備，則徒爲兒戲而祇以擾民；若使器械必精，期會必壹，技擊必試，立之以長而糾之，小則黠豪以牟侵貧弱，大則教之以亂，而鄧茂七之禍，不旋踵而發。唯劉念臺先生尹京時所行條規，以申六條飭冠昏喪祭之禮，而譏察游惰，非違者不責之以武備，庶爲可行，蓋亦王政之枝葉也。

　　自鹽政邊儲之壞，議者爭言開中輸粟舊法之善，而不知其非；既違事之宜，又拂人之情。故葉淇得以利動一時，而盡廢邊屯，誠有以召之也。法之最顛倒者，農所可取者粟，而條鞭使輸金錢；商所可征者金錢，而屯鹽使之輸粟。邊可屯，官不能屯而悉之素不安於農之商；粟可博金錢，官不移豐以就歉，而責農之易金錢以償官，其不交困也得乎？取之必於其所有，使之必於其所長；一人効一人之能，一物抵一事之費，周官之善，盡於此耳。

　　人各効其所能，物各取其所有，事各資於所備，聖人復起，不能易此理也。且如周制，兵車之賦，出於商賈；蓋車乘馬牛，本商之所取利，而皮革、金鐵、絲麻、竹木、翎毛、布絮之類，皆買之所操。是軍器皮作火器各局之費，應責之於商賈也無疑。如曰稅重則物價貴，還以病民，乃人之藉於市買者，皆自度有餘，而非資生所必藉；非若粟之一日不得而即死者也。且在周之世，天子未嘗全有九州之壤；若列國封域，尤爲褊小，所需之產，什不得一，則但責之商賈爾。今四海一家，官上府海，何產不豐？凡諸軍國所需，取鐵於冶，取皮於原，取竹木於林，取絲於桑土，取麻絮於園；或就民而稅，或官自畜植，又不必盡責之於商賈。乃國計盡弛，悉授之末業之黠民，而徒督責之於田畝之征；不給，則今死於桁楊，死於逃竄，不亦憯乎！農所輸者，止以養君子，飽士馬，何患乎不足；而一切取辦，則何望其能支？漢人鹽鐵之論，言之似理而實不然；漢之所以舒農民而培國本者，非後世之所能及。王介甫狹小漢制，而以青苗、免役、保馬諸法，重困農氓，其利害亦曙然。洪武椶園漆園之設，可推爲萬世法，後人且視爲迂瑣；民之方蘇，其竢之何日邪？

行鹽之有地界，商人之姦利，而有國者聽之；同此天下之人，食此天下之鹽，何畛域乎？通行，則商人不得持有無以增一時騰涌之價；若地分，則舟車之浩繁，自然不行，其可行者，自然各有所底止。唯偶然一方缺乏，則他方濟之；究竟商人可以通融得利而無所大損，但不能操低昂以抑勒細民而已。無地界，則鹽價恆平，商之利亦有恆；而狡者愿者，不至貲獲之懸絕。且如河東鹽池，因晴雨而盈詘。其詘也，則食河東鹽之地界，其淡食者多矣；其盈也，又不能通貿之他方，而或視爲贅餘，置之不足收。此兩病也。又如廣東、海南之鹽行，贛吉、衡永、梆寶有上瀧過陡過山之遲阻；當議法時，唯以佐廣西之經用；而不知天下一家，隨在可以挪給，豈必在粵輸粵，而割裂以爲之限乎？利便一聽之民，而上但取其固然之利於所出之地，何至殉商人之姦以困編甿，而召私鹽挾仗行凶之禍！誠欲惠商，支放以時，而無坐待寄引之苦，則已足矣。

國以馬爲強弱：秦之強也，肇於非子，而趙唯騎射，乃能以一國抗初張之匈奴。漢唐之所以能張者，皆唯畜牧之盛也。五代方域小而年促，僅作旦夕之計；而宋承之，舉漢唐之故苑，置之於蔓草疇田之中，而強賦之民爲保馬。其視金元，如鼠之遇狸，誠不敵也。昭代乘金元之披靡，驅之無角逐之勞；其與張陳爭成敗者，皆舟師步卒格鬭於吳楚，用馬之力少，而馬亦僅矣。然猶廣置牧苑爲邊防計，使循而不弛，不百年而蕃庶可待。乃不知誰爲之策，佯養于江北、山東、河南、北直民間，使民牧而責其駒。其爲民患也，則始領種馬之日，愚民稍以爲利；既而子孫怠於牧畜，則或家無三尺之駒，而歲供孳生之馬。垂至百年以外，刷馬、印馬之繁，折價之苦，計戶坐徵，加賦外之賦，而民敝極矣！其爲國患也。民貧而詭，則以駑羸之馬應官，既不堪用，莫能整飭；而苟且之臣，又謂承平無用此贅物，不如折價貯於囷寺，爲國儲；其邊鎮需馬，則上疏奏討，發囷帑以聽其自買，債帥十不買一，而徒充囊橐，於是中國幾無焉。而或資茶以貿於西番，仰鼻息於裔夷；抑且水草失性，動至仆斃，徒爲猾駔墨吏之中飽。邊警以來，人持短兵以當萬騎之衝突；責之以不敗，必不可得已。夫自甯夏而南，至於岷黎、建昌，又南而滇、洱，皆宜馬之地也。黄河退灘，自同華而東，至于淮泗，皆可牧之場也。捨彌望之荒壤，捐數千頃之閒田，調坐食之冗卒，募游食之餘夫，通天下而計之，爲費幾何；行之一二十年而入番之茶，可使以金代馬，中國之孳息，自較夷狄而尤盛。固可蠲江北中原之馬價以甦民，而民益甦矣。謀國者不以家視國，國之蠹也。八口之家，牛豕鷄鶩不仰於市；傭夫惰婦，一切藉粒粟以易之，其餒可待。舍其生聚，聽產乘之空靈，敺偃蹇之卒，以當踐踏，而國以淪胥，良可爲痛哭也！保馬爲禍階，俵馬繼之；賠折積怨，囷金盡而國隨，亦必然之勢已。

牧苑之法行，國馬取給於牧地，而通其法，以廣公私之畜，紓民役之苦者，又莫若隨府州縣而置牧；每邑各有牧場，以邑之大小、草料之難易酌其多寡。其收放、打草、剔除之役，量置官夫，穀栗❶取之縣倉本色，特恐傳舍之吏不加愛惜，則無如分任正佐官。每官牧若干匹，交盤清楚之外，許寄牧私馬半於公馬，任滿聽

---

❶ "栗"，當爲"粟"。——編者註

其作歸裝之用；其官牧之馬，以半供驛遞，半授民兵操演逐盜之用；使民兵之壯者，習騎射焉。若其孳息贏餘，則三年一計；其登耗斥賣，爲亭傳修飭之用，恆令寬然有餘，而不爲吏苦。且乘人者，夏桀之虐政也；馬不給用，而狡胥之頑軀，皆以累良民之項領。馬既蕃衍，則嚴乘人之禁；在任官非五品以上，休致官非七品以上，士儒耆老非七十以上，及有病婦女，非五十以下及受封者，不許用肩輿，則民相勸於養馬，而無形之富強寓於居平，以待不測，此通數百年強本治內之要圖也。

嚴於督民而寬於計吏，則國必無與立。史稱元政不綱，唯其寬也。唐制，州縣官秩滿則謝事赴都，至吏部銓簡，而後更授新除，謂之選人。雖士大夫不無疲勞之苦，及待選之難；然使受命臨民者，皆得奉一王之靈爽而聽廷臣之清議，則自鄭重其官箴，而不取偷。三年入覲，因行大計之典，亦通此法而得其平也。考滿給繇，必親領司文赴部考覈而後授以官階，則不滿於公議者，昏瞽老疾者，皆無所隱匿，而吏道清矣。自以催科爲急，於是有藉口錢粮任重，而郡縣長吏，有終身不入都門者；升降皆遙爲除授，其陟其黜，一聽之上官。上且不知有天子，而況知有廷臣之公是非乎？上官者，唯知己之好惡；又其下，則唯知賄賂已耳。而天子設部司、設臺省，將以何爲？故郡邑之吏，不入覲受計赴部考滿，而覬天下之治，必無此理。

覈吏不得不嚴，而士大夫自有廉恥；獎掖之者，抑其本也。孟子言："君之視臣如犬馬，則臣視君如國人。"養犬馬者，就必充其芻豢；而官俸勿論多少，皆實支三石，折絹抄鈔，到盡名有而實無。一月但支三石，以食九人而不足，庶人在官者之稍食也；爲吏者去其鄉，荒廢其資生之田里，子女僮僕，取給於實支者，十不償一，勿論其上有父母之甘旨也。況其葬祭昏嫁、子孫讀習之費，而在官抑有往來酬贈、楮筆鐙油之需，雖至儉約，亦豈能如於陵仲子之資屨纑乎？全與實支猶且不給，故唐宋之制，店舍、魚步、園圃，皆委之郡邑，而不以上供，所以佐俸入之窮也。至於修理公廨，鋪程酒飯，花紅油蠟，一切皆有經費；寬爲數而不問其盈餘，要令公私各得。拔葵逐織，而出無政事之埤，入無交徧之謫，然後秉國法以課其廉頑，則賢者獎、不肖者懲，而不怨。今俸入不堪，吏莫能自養；其始也虧替公費，耗沒祭祀、學校、夫馬、鋪遞、民快之貲以自入而一責之民；其既也則無所不爲，而成乎豺虎矣。國家常畜數千飢鷹以牧飛鳥，猶且曰彼自有之，而無待干公家。則何以爲民元后耶？

　　厤文紀建除宜不宜，其弊始于唐，沿于宋，相循以爲故常，未有知其非者。唯解大紳庖西封事言之，而未能詳也。王者敬授民時之大典，而以惑世誣氏之小道當之；導民以需而爲事之賊，其褻天迷人甚矣：故《王制》曰："假於鬼神時日卜筮以疑衆，殺。"尤可異者，厤尾逆推六十年甲子一周之歲，徒列其年而無所取。宋人以天子年逾六十，欲展爲百二十；蓋使六十以外之人，不登於厤數，非恤老者之所忍。不但天子然也，且下註男幾宮、女幾宮，僅合婚之邪說，尤爲俾民卒迷，而以此失其配偶之正者多矣。不能利民而滋害之，君道亡矣。厤授民時，使民知因時而趨事；則但當首紀月之大小建之所臨，次紀某日、某時、某日躔，次紀中、節、日、時、刻、分、社、伏，次紀朔、弦、望、盈、虛，次紀方今月令之宜。如立春正月節，則曰自某日立春，以後某候至可以作某事；如出耒耜，火田萊，五穀播、薅、穫，生蠶，種草綿，理桑苧，種瓜蔬，合牛馬。字雞鶩，攏魚苗，平道塗，架橋梁，苦牆屋，備薪炭之類，逐月逐候而示民乘時以竟功。其次則紀六氣，司天在泉之正變，示民以節飲食、慎起居而遠疾眚；其次紀官司祀事，民閒嘗新、薦寢、社蠟、儺飲之時。如此則本天以治人之道立矣。若御用曆，則因一歲之節序、時之德刑、日之剛柔，定戎祀慶威之度，及發政布令之期，以憲大而出治，尤不當以瑣瑣災祥，干有國之典禮明矣。至壬遁曆以命將臨戎，尤爲誖逆。兩軍相當，生死爭于俄傾，廢智勇而聽命於妄人之說，不亦危乎！

因逆臣之阻兵而廢藩鎮，因權臣之蠹國而廢宰相、棄爾輔矣！宰相廢而分任於六官，以倣周制，是或一道也；乃周六官之長，無所不統，而今太僕不統于兵部，鴻臚不統于禮部，光祿、上林不統于吏部，通政、大理不統于刑部，國子監不統于戶部。官聯不審，事權散亂；統之者，唯秉筆內臣而已。至於內臣之必統於吏部，尤爲國之大綱；而都督位兵部之上，莫能仰詰，二者乃治亂安危之樞機。周官之扼要於此一失，綱紀盡亡，區區以行人司、欽天監爲禮部之遙屬，胡不推此以正六卿之職也？

牧民之道，教養合而成用；故古者學校領於司徒，精意存焉。今學政貢舉，一歸禮部，則以爲此彬彬者，儀文而已；戶部但操頭會箕斂以取民，爲國家收債之駔儈。王者意之重輕，形著於命官分職，治亂於此決矣。督學官，司教者也；宜爲布政使司之分司亡疑。而以按察司官爲之，欲以刑束天下士乎？其始制之意，不過欲重其事權以彈壓提調之有司耳；乃按察祇以糾大姦、折大獄爲職，若經常教養之事，布政司領所屬長吏之治，爲考其成以上計定黜陟。今學政興廢，無所事事，而授之廉訪提刑之官；則布政司一持籌督迫之租吏，使爲一方之師帥，天下何緣而治也？

洪、永閒歲貢最重，與進士相頡頏，故授以訓導。其選師儒，未嘗不重也。其時學校初立，歲貢生前無積累，非有日暮塗窮之意；而朱善、苗衷皆以教官權大位，曹鼐自陳不敢爲人師，其不以閒冗視之可知也。相沿旣久，挨貢法行歲貢者，者皆學不足以博一舉而視此爲末路；其能擢國學縣令者，百不得一。惰歸之氣乘之，雖欲不棄教道面弋脯修，不可得已！要未始非立法者之不圖其後也。學政唯宋爲得，師儒皆州縣禮聘，而不繫職於有司；若令提調，就附近致仕閒住告病告養；品官之中，及舉人年四十以上，學行果爾表著者，官率生徒執贄拜請，以典教事。其祿養資給，因地方大小，生徒衆寡，差等以立之。經制督學官，一以賓禮接見，不與察計之列，行移不通於有司，迎詔拜表，歲時朔望，無所參謁；若其教無成績，而所教生徒屢科不與，鄉舉、歲試優等少而劣等多，及行劣至三五人以上，不先送提調官詳黜，又或告發干名犯義，及數干門禁者，則引身告退。若提調官所聘非人，及獎勸乖方，致令惰劣者，督學官糾參如法。師儒若有成教，則不論年歲，敦留卒業；待其果老果疾，或品官起用舉人，中式受職，而後更聘。一以道義廉恥相獎，則人才士風庶幾可改。長此不革，師道賤而教無術；監司府縣，任意差委，濫與錢穀刑名之役，若簿尉倉巡，爲奔走之下吏，僕僕參候，與僧道之長，同其趨蹌。不肖者因之以希錙銖之利，害極於末流，而其始抑有以啟之也。

宏治間，初命按察司官督學授之特勑，其勑皆勸獎人才之語；至萬曆初所改勑，則如詰姦制盜，置士子於不肖之中，而勒束之。故率天下於寡廉尠恥之塗者，萬曆之初政、江陵之變法、申商之莠說也。兩勑其載《會典》，江陵之法行，而劣生把持包攬，賕吏鬻爵，受囑託之風益烈，蓋以撲之者煬之也。

進士科始於隋，垂千年而不能易；後有易之者，未知以何道爲得。王安石革詞賦，用書義，亦且五百餘載矣；使學者習效聖賢之言以移其志氣，其賢於詞賦明甚。至文體之屢變，或趨於陋，或淫於邪，皆乘時會不能爲之豫謀；但句釐正者，導以讀書窮理之實而已。書義而外，論以推明經史，而通其說於治教之詳；策以習天人、治亂、禮樂、兵刑、農桑、學校、律歷、吏治之理。非此，則浮辭靡調，假於五經四書，而不知其所言者何謂；困無可用之士而士益偷，則益賤，固其宜已！聞萬歷初年縣試儒童無策者，不送；府試且有以"河圖"、"雒書"、"九宮"、"八卦"策問儒童者，則所重可知已。萬歷中葉，姚江之徒興，剽竊禪悟，不立文字；於是經史高閣，房牘孤行，以詞調相尚，取士者亦略不識字，專以初場頓美之套爲取舍，而士氣之不堪，至此極矣！原其所始，立法亦有未善者，故流弊有所必至。科場七日而三試，作者倦而閱者亦煩；則操一了事之心以應後場必矣。二場所試者，表判騈豔之語，將何以爲舊制誥詔表隨科一道，誥詔視表判爲愈矣。然士方在衡茅，使習知經國長民之道，固無不宜；若生者命令之大體，非立朝廷之上，深喻國體者不知。故唐宋知制誥者，即文名夙著，官在清要者，尚須試授，則不可使士子揣摩爲之，明矣。誥詔既所不能，表判又爲無實，何如改三場爲兩試：初場盡義淹通，每解額一人，取定二人，令赴二場，試以二論三策，然後決取一人中式。初場以十日閱文，一日折卷，凡十二日而試二場，又五日而放榜；則作者精力有餘，閱者安詳不遽。尊經窮理以爲本，適時合用以爲宜；登士於實學，固科場救弊之一道也，未得創制顯庸之聖，作法以待賢者，亦將必出於此。

問刑官故出入人罪，律以槩論。然考之宋制，故出罰輕，而故入罰重，此王政也。故出故入，有受贓、不受贓之別，亦但當於故出項下分受贓、不受贓，而不受贓者從輕；其故入，則雖不受贓，自應與受贓者等。故出則勿論已決遣、未決遣，一例行罰。蓋雖已決遣而覆鞠，果當從重，不難補決，自不致逸元惡之誅；若故入已決遣與未決遣者，固應殊科。蓋故入決遣，死者不可復生，刑者不可復完，徒流已配者，不可追償其已受之勞辱；已決遣之罰，自應加重。其致死者，倍宜加等；即不抵償，而終身禁錮，與大計貪官同處，不得朦朦起廢，及以邀材等項名目，濫與薦舉。則問刑之吏，尚知所懲，而酷風衰止，貪亦無以濟矣。

贓以滿貫抵重罪，刻法繩人，此所謂一切之法也；抑貪勸廉，唯在進人於有恥。畫一以嚴劫之，則吏之不犯者尠，更無廉恥之可恤，而唯思巧爲規避；上吏亦且重以錙銖，陷人于重罰，而曲爲撐蓋。上愈嚴而下愈匿，情與勢之必然也。且凡所受於下吏部民者，乃至鷄梟、扇帕、紙墨、油炭，皆坐價抵贓；繩人於交際之塗，且必開其掠奪之大。焉有出身事主，而可如於陵仲子爭名於一鵝半李之間者乎？旣不枉法矣，則何謂之贓？其枉法也，則所枉之大小與受贓之多少，孰爲重輕？假令一兵部官，濫授一武職，以致激變喪師；或因情面囑託，實所受賄僅得五十貫。令一吏部官，濫授一倉巡河泊，其人無大過犯，而得賄二百貫。又令一問刑官，受一誣告者之賄，而故入一人于死，僅得五十貫；其一受誣告者之賄，而故入人于杖，得二百貫。豈可以貫之多少定罪之重輕乎？則無如不論貫而但論其枉不枉，於枉法之中，又分所枉之重輕；但除因公科斂，因所剝削之多少分等定罪，其他非黃白狼藉累萬盈千者，苟非枉法，但付使部記過；全士大夫之名節于竿牘飲食之中，而重之於箕斂漁獵之條。唯寬也乃能行其嚴，惡用此一切之法爲。

弭盜無上策，逐捕亦法之所不可廢。宋制，捕盜獲全夥者，加一官，其法校善。蓋責有司以捕盜，唯可賞而不可罰；罰一行，則匿盜不報以苟免於譴，而盜益猖獗矣。盜無可全獲之理，十人得七，即可膺全夥之賞；其未獲者，責令鄉保戶族長立認狀，不拘年分，曾否經赦，及已獲賊首處決與否，失主存亡，舊案遠近，皆一應責令擒送。若有隱匿，被人首出，即同窩盜。嗣後捕盜員役，若能盤挐積年未獲之盜，舊案分明不枉者，即照捕獲全夥例紀錄；能捕人役，一例給賞。其犯盜人田產，在逃未獲者，即行變賣給失主賠贓。如此，則官司無諱盜之心，而失主自告報後非其下識認，須當官指證者；但具一眞實贓單，明塡記識，俟驗合認領，更不煩頻令到官，一聽官司自行審決，則被盜亦何憚而不洩其荼毒乎？此亦弭盜於末流之善術也。

冗事於一官，而冗官於無事，兩失之道也。在京如吏部稽勳司，其職掌漫無可課之功；而文選冗沓，以滋黠吏乘司官之促迫，瞀亂而釀其姦。何如以初選任之文選，而以陞遷調降起復之補除任之稽勳，則曹務繁簡稱矣。工部屯田司，亦無實之署也；何不令三歲一稽天下田畝荒墾，有無崩坍淤退，並課有司陂堰圩隄之興廢，而覈實地畝增減，以授戶部而登耗其稅糧。都水則專任黃、漕二渠之通塞，在外則同知通判、推官，沿五代及宋掣制之陋，以建置而漫無專任，爲課最所不及。自好者持祿以待遷，否則法外生事以擾民，而事集於知府之一人，求暇以課農桑、親學校而不可得；似明任以詰戎、捕盜、督糧、問刑之職，如漢分曹之制，受成於知府，而各給印信，得上達於監司。俾知府一意教養，則前代行春勸農、賓賢飲射之典，可復也。

官自有體，國家授之以體，則爲吏者有所矜式；以養其品行，民亦受其福矣。相沿非九卿堂上官，及法司屬官，差審刑獄五城四門巡視官，不置刑杖；若內閣翰林等清署，雖僉從有犯，亦送兵馬司杖治，所以優君子於清簡和平而刑亦不濫。不然，在京文武吏，且盈千，輦轂之下，血濺肉飛矣。以在外言之，凡爲吏者，即置刑具；如捕盜理刑官，固其職掌，若分司守巡，及府州縣佐貳首領，用此何爲？以快其怒、張其威，甚則脅民而取其貨耳。若布政司府州縣正印官，不得無刑人之事；律旣有笞杖定制，或稍使得用，訊杖竹篦以警欺竊可爾。若夾髁拶指，乃不得已而用以詰盜；今牧居者以施於民，是長吏者民之鷙鳥猛獸，而刑具者其爪牙也。失父母師保之尊親而爲獄吏，知自好者亦應恥爲之；相習不媿，因而不仁，豈自知其辱之賤行耶？乃民亦何辜而糜血肉於司牧者之堂也？倉巡驛泊，師師相倣，民其餘幾，乃至教職亦挾杖以行，廉恥蕩然矣！自應急爲釐正：訊盜之刑，唯捕盜官得用之；理刑官得用訊杖，正印官得用小薄竹篦，以懲不恪；若正犯笞杖，即與如法的決。姦欺大蠹，即本署役從，亦大則送理刑官，小則發巡捕首領訊治；斯以矜重長吏，全其君子之體，而以寬斯民之束溼者，即在乎此。征收稅糧，除姦欺里甲付理刑官追比問罪外，則自有勸戒樂輸之道在；若以天子之尊，遣數千鷹犬，威制匹夫匹婦而索升斗銖累之得，不但羞當世之士，而亦重辱朝廷矣。

尹京之難，古今所同，故兩漢多用嚴酷之吏以處之；然京尹牧民之長，乃天下郡守之師表，而以毛鷙爲尚，則是倡四才之舍德而崇刑戮也。顧輦轂之下，土著少而賓旅衆，其去鄉里而來都下者，類皆其黠者也；非可素施以漸摩之訓，則非任張敞、趙廣漢、嚴挺之之流，誠有難治者。故以郊外編甿，屬京尹之政教；而國門以內，屬兵馬司巡視御史之糾察，庶兩得之道也。乃一城而五之，莫相統攝；竄匿閃爍，百弊所生。兵馬司秩卑權輕，動爲權貴所掣；巡視御史，差以月計，傳舍視之，姦不勝詰而法且窮矣。故其後也，一授法紀於緹帥廠奄，而成乎大亂風波之獄；毒流善類，皆巡察者之權不壹、任不重有以致之也。緹帥之職，視漢之司隸校尉也；而可使紈袴近倖之狡者任之乎？誠欲以牧民，任京尹而以輯姦，任執法無如以五城內外、鄉飲讀約、廛稅夫役聽京尹畿縣，仍視外府州縣；其緝拿、探丸、發篋、窺探、賄詐，禁止飲博、猖狂、闌獄、擾市，凡屬五城所掌之禁令刑名，於都察既堂上副僉專任一員總提督之劾其縱怠禁其淫，官尊威重，法可必伸；移緹帥之權以授廉直剛毅之大臣，養京尹之仁，使盡撫字敬敷之大體，斯爲經國之良規也乎！

常平倉，良法也；而每中𢏿不行，非但不得其人，亦立法之未盡也。倉米不出於經制，故墨吏可以侵牟，窳吏可容怠弛。若於立法之始，每年夏秋二稅內，借徵本色田畝起科，最輕者每民米壹石，借徵壹斗五升；其次，借徵一斗；最重者，借徵五升。但遇荒議穀貴之年，即行平價糶賣，坐充輸糧人戶本年應納錢糧；若價過五錢以上，即以有餘銀米賑濟。如三年不遇歲饑，將存米一半於應解漕糧地方支解，照數減徵糧戶本年漕米。其非水次無漕運地方，亦支放一半，或發賣，或充官吏俸糧，民皂鋪遞膳夫斗級等項公食；每石酌價五錢，坐減糧戶本年應納折色。至六年而舊米支盡，新者相仍。假有民米萬石之縣，以中則進之，恆有六千石之畜矣。其米於高爽寒燥地而徵大米黃米，卑溼蒸熱之鄉，每米一斗，徵晾過乾穀二斗二升，皆於十月十五日輸倉爲止；支放之日，數有虧欠，經收官不論在任及陞調降罷，行提坐贓，追賠問罪。蓋有糧之家，類非糶貴坐餒之人，通有餘以補不足，但損其息，不損其實；三年而無歉歲，則亦適如其應輸之數，而通濟均平之道得矣。坐抵起解錢糧，則有司無所施其侵漁；若溼漏雀鼠之壞腐折耗，典守者固無所逃其責。不此之圖，而豐年發官本以收糶，則有押勒強買之害，挪移狼藉之弊；至於罰穀存倉，則祇以啟墨吏肉攫折金入橐之門，而五刑收贖之外，有無涯之峻罰；徒爲民蠹，無粒粟之實惠也。

黃籍戶口之外，有司別有煙民册，此政之顛倒而但可一笑者。"率土之濱，莫非王臣"，此穰穰者何人，而徒以勤耕苦穫供國家之租賦者謂之戶口也。且如人丁絹，唐之庸調也；桑絲絹，則元按戶課桑之加征也；戶口鹽鈔者，原以國初鹽課每引止輸邊粟四斗，鹽價賤，民食其利，故稍派令出鈔以助正課也。絲絹之稅，不專於農民，通城市村坊逐末技作之民均輸之；既宅不毛者，不免里布之遺意。而食鹽之利，計其多寡，則逐末技作者必多，而農民恆有經旬淡食者，固宜分派煙民也無疑。但宅其地，不論客戶土着、佃耕自種、工商游食，一令稍有輸將，以供王民之職；乃名不登於天府，無一絲文錢之奉公，而重困農民，代爲墮輸，尚得爲有君統理、有吏分治之天下乎？即煙民而爲戶口，三載而考去留登降之數，何所不宜？而執數百年已朽之鬼錄，索非法之財邪！

朱子言救荒無良策，不如修水利，誠牧民之要言也。然僅爲東南可潴可堰者言爾。江淮以北，中原平衍之地，更無水利可修；且修水利者，在良有司躬親之。朝廷都水所掌，非不具立條貫；無人奉行，則亦聽民之有雨則弛、無雨則爭，非畫一可久必行之道也。《周禮》荒政，多興工作以聚失業之人，此最爲通變之善術；蓋年雖凶荒，病在民而國未嘗遽瘠也。若河南、山東、淮、泗一帶，黃、漕二渠，歲費不貲；假令災傷之歲，於九月後度所宜修之堤岸，所當疏濬之支流，即行就災傷地面募無食之民，鳩工起事，以所應用錢糧，於相近成熟州縣，平價和糴米麥，或截抵價漕糧給丁夫口食傭直，及採買竹木甓石，俱以見米支價。其在山、陝、北、直，則就近相視邊牆、堡哨、墩臺、壕塹合當修者，即借支漕米，募飢民挑築；仍扣該鎮應支修邊銀兩，解戶部倉場堂上官，俟次年成熟，於相近水次地方，買米麥補運。若黃、漕二渠應有河工銀兩，工部即交割倉場，候熟買補，尤爲利便。倘更不足，則臨清、德州二倉預備米，正可挪支；唯在豐年，則自非虜衝要緊地面，崩坍急須挑築，及漕河十分淤塞，黃河異常決壞、爲患深大，一概不得修理，留待荒歲，民有所仰，以全其生，而流散團聚，積爲寇盜之源塞矣。若東南既有水利之可修，但在嚴立課程，專官管轄，則自無大歉；倘水旱太甚，亦可修城、浚壕、治道塗、葺館驛、繕公廨學宮神祠，以合用錢糧，告糴於鄰近成熟郡邑支給工食。大抵北方之旱，千里彌綿，又無野簌魚蠃之產，故死徒寇盜倍甚於南方；因地制宜，存乎良有司之實心實政，非朝廷之可爲遙處。唯留工作以待荒年，可設爲成法。且民有甯死而不受米粥之拯，且吏胥者約無所饞其姦欺，唯募工之爲兩得；荒政十二，此爲要已。移度支以供滇、黔、粤右，固不容已；然能安其人而漸化之，則雖勞而有造，乃田糧起科，極乎無可輕，而州縣之虐取，更倍於腹裏之重賦。郡邑之吏，有坐陞而無內轉，雖行取而不得清要；有拏問而無重法，棄置之於榮辱不加之地，無所顧恤，而聽其爲蟊賊以求遠人之緩，而移易其獷頑。其可得耶？使悉從乎直省之法，官有箴，事有制，賦役有經；即以粤之財治粤、以黔之財治黔而亦足。而何況於滇，且其名爲州縣，大小饒瘠，恆不相稱；如臨桂乃省會首邑，而壤地瘠溢，不能供一城三日之食。靈川縣界去三十餘里，何不可併爲一縣？其他蕞爾箐峒之中，不能當一鄉保者，亦強立州縣；如修仁、荔浦、荔波、永從、獨山等，皆設城隍、學校、官吏以牽其民，而使日暮塗遠之人以朘削之者，又不可勝紀。苗獞非庸愞之守令可制，但不生事以激之，則可以漸而引之嚮方。若八閩全土，在漢爲東冶一縣而已；東晉以還，日革故俗，今遂爲庶富文明之鉅省。簡以治之，易從而可親，何事此紛紜建置哉！如以郡縣少，不能成一省會，則兼兩廣爲一布政司，而建司治於梧蒼，分貴州入湖廣、四川、雲南三布政司使，習腹裏之政教，以移易其吏民苟且之心；則此日之粤右、滇、黔，不可如他日之閩、浙乎！倘以苗夷竊發，必須彈制；自可於貴陽、柳州設督制鎮巡開軍府，如甘肅、鄆贛、湘沅，亦何用此無政無刑之藩臬爲也！

　　兵柄無所專統，自宋而始然，樞密院猶與宰相相爲頡頏，蓋亦倣西漢大司馬、大將軍之制而稍替其權，未爲失也。若周官九伐，一掌於司馬全領夏官之政，不專任兵事，則封建、郡縣形勢不同；周之戎事，止於千里王畿之車徒，以討諸侯之不庭者，非後世外有強夷，內有大盜，爭安危存亡於一戰也。兵部統武選承襲矣，又統職方九邊之戰守，及車駕、武庫、鹵簿、驛遞、兵器之繁；吏治雜而樞機僅其偶應之一節，乃使軍中遙稟其節度，與督巡鎮帥均其功罪。欲軍之不僨，不可能已！分奏覆清覈、冗沓簿書之餘力，以揣度千里外之進止；雖日斬丁汝夔、王洽，亦徒爲淫刑而已！兵部所可司者，兵制之常也。軍衞勾補絕除添調之政，腹裏武職、世襲黜陟之銓，裔夷朝貢封削之典，驛傳夫馬擺給之制，兵器造作給發之數：已不勝其繁矣。若邊防征剿，出大師以決安危，自應別有專任廟算者。殿閣學士，因參贊密勿之官；既有文華、武英之別號，則首輔統理而外，宜分武英殿大學士專理機密文字，調度邊鎮守禦征剿。無事則申飭訓練，以考覈鎮巡；見有軍政之官而進退之，其枚卜會推一視閣臣，而必於曾任督制及本兵尚書、侍郎中曾有邊功及威望隆重者推之。而愼選武英殿中書舍人，聽其委任；庶乎不以有國之司命，付之悠悠持祿之人，塗飾而趨於贏以斃也。

　　題奏得旨，科抄下部卽發邸報，使中外咸知，此固以公是非得失於天下，而令知所奉行；然在尋常銓除、降調、論劾、薦舉、典禮、刑獄、錢糧、工役之類則可，卽如緹騎逮問刑科，且先行駕帖不發邸抄。況用兵大事，姦細窺覘，密之猶恐不密，乃使喧傳中外，俾夷狄盜賊得以早測進止乎？若倣唐宋樞密院之遺意，專任一閣臣典司之；則凡係軍情奏請、勅旨傳諭及上言兵事者，不論可否從違，每科抄即送武英，應會議者即集官會議，應傳諭軍中鎮巡將領者即彌封傳諭，應知會直省督撫、監司軍衛、調發接濟者即行部知會。其建言兵事可否採用，即召赴閣熟問奏行；自餘不應知聞衙門，及在外官民，自不當偏令測知，一概勿得抄入邸報。敢有漏洩者，如律治之。不然，律禁漏洩，而邸報流侍遠邇，一何詭也！其夷虜入犯盜寇竊發，該汎地官飛報，與臨陣勝敗、城堡存亡、賊勢衰盛，及偵探敵情一應塘報，皆止抄發應與知聞衙門，俱不得抄入邸報。唯掃蕩大捷，應行露布通傳者，方許發抄；則機事密而人心定，斯為廟算之永貞乎？

六科之職，有封駁，有抄參。封駁之制，唐門下省掌之。門下與中書，俱宰執也；而相為駁異，非大臣協恭之體。給事中，門下屬員也；廷諍為宜，以正君德，飭國政、儆官箴、盡民隱，自不易之良法。若抄參，則為私意橫行之便徑矣。且如抄出嚴之，抄出速之，抄出商之，與六部相斟酌而申飭焉，猶之可也；若抄出己之，尤為非法。使其事大而必不可行，則自當封駁；若事小而在可行可不行之間，且以聽部院各衙門之行止，而徐議其得失未晚。乃唯一人之意，更不俟公論，不請君命，而以意為廢興，此何法也？自持祿養，交之閣臣務為詭隨，任科臣之氾濫以免指摘；於是而上下爭權，以成平滅裂，一激而為盡削臺省之權，以任六部賄賂公行，綱紀蔑絕，後有作者，必且大反而又失其平。則封駁抄參，酌中正以適治理，所必熟講也。

總憲得其人，則吏治自飭；大吏或得其人，則士氣自清。顧公佐之在都察院，李公時勉之在國子監，其明效也。六科無所統屬，故吏科都給事中宜任大計，及分發紅本、封駁抄參之事。若御史員雖多，業有總憲為之綱紀；又任掌河南道印者，以大計提差考覈之權，則雖有方嚴之總憲，或掣之矣。國子監不得與聞直省之學政，而以督學官之磨勘授之部科；教之不壹，而望文體之正，士習之端，難矣！凡差提學官，一委祭酒司業保任；以所保者之稱職與否，爲保者之殿最。若私通賄賂，及寬而縱弛、嚴而苛刻，及倡率士子爲詭誕庸陋之學者，同學不先糾論，而臺省舉發者，大司成以不職坐廢。其所頒條約，俱國子監頒行之。或因時規正大司成，具列奏準酌定，庶教出一源而士風其可齊也。

鬻爵之政，始自鼂錯；所鬻者爵耳，爵非官也，以復除以贖罪而已矣。後世乃以鬻官，又其甚者，乃至於鬻士；納馬納粟而入太學，成化間之亂政，從古所未有：聞其說開自大學士邱濬；濬之爲人，樂道秦檜者也，固其宜矣！天子自鬻國子生，則下之鬻鄉會試，鬻弟子員，孰從禁之，未幾而程敏政、唐寅之事起。自有虞氏設庠以來，極乎金元之賤士，未有滅裂夫廉恥以敗國之綱維如此者。乃相沿二百年而趨益下，濬之罪可勝誅乎！粟馬之納，於國計幾何，乃以教化之源，爲銅臭之府耶？萬不獲已，如鼂錯之急於實邊以紓民力，自可別立閒散秩名以酬之；免其徭役，而自杖以下，有司不得輒加訊辱。又進而假以鴻臚、光祿、上林諸署冗員，任事則給以祿俸，猶未至重虧夫名教也。

今之卿[1]飲酒，非古之鄉飲酒也；然如《會典》行之，亦有裨於風教。乃有司奉行故事者猶數百年，而里正之飲於鄉者，久廢。無他，里正疲於徭稅，偷薄狼戾，先自里正倡之也。其徒至有錢糧不認父子之謠，而尚暇及此乎？惟公費驛遞，自有經制不遺里正任其茶苦正供，簡明易遵，按籍以責稅戶，不誅完欠於里正，則里正不任。爲嗾放入山搜攫之獵犬，力既有餘，而播惡之習氣且革，則亦知自愛而以風教任之。彼且以得行典禮司教化爲己榮矣。若古之鄉

---

[1] "卿"，當爲"鄉"。下文有"鄉"誤爲"卿"者，徑改，不再一一出註。——編者註

飲酒，則今之起送科舉，及鄉試鹿鳴宴是已；此尤崇獎始進於禮教之大者。乃架月橋，令伎人簪花作雜劇，殊爲可恥；宜其一變而以犒兵饟役之酒食，嘘蹴而與以訖於不復行也。《鹿鳴》雖歌古詩，而音節無傳，僅同符呪；簪花掛彩，輕豔不倫。今古樂不可復，不如且革淫樂，而以賓主獻酢之禮行之。

　　州縣統於府而府別有學，其制與州縣等，此甚無謂；宜於州縣學中歲試優者，行提調官竅其德行，無出入公門虧損名義等過，升之府學而餼之。量府之大小，人才之盛衰，而爲之額；多者不過百人。凡州縣學，但與鄉試，不得歲貢士半於府學而後貢之廷試；其優者與出身，次者入太學。大府歲試而貢之者三人，次二人，小府一人；不但名實相稱，且學之於鄉，已小成而進於郡。及就郡學，則師友益廣，勿使局促井里，狎暱習氣，至以錢粮訟獄陷溺其心。所以擴其耳目、逸其志趣以變之，禮所謂游其志也。升府學，則以胡安定教法，及白鹿洞學規，酌而教之，學以漸而可大。孰與老於鄉校，錮蔽於腐誶時文之中，而以鄉貢爲日暮塗窮之旁徑，使偷靡以終其身乎？

　　截解似兩便於國民，而不知其適爲兩害也。財用出納消息之權，必操之朝廷，而復張弛隨宜，裕於用而民不困；爲荀❶且之術者。規一待之簡易，而鹵莽滅裂之禍不可言。如嘉靖間，因吉囊俺答之患，陝西三邊，用兵孔棘，遂將陝西一應錢粮，盡行截作三邊之餉；不足，則截四川鹽課補充。當時在民則免於解京之難，而利解邊之近；在戶部則免接濟不及之咎，以委之總制之自爲催督，而以速濟邊事減省路費爲辭。乃自此而後，戶部付西邊之有無於度外。至甘肅一鎮，經數十年而無斗粟一鎰之給，甯夏、延綏，亦僅

---

❶ "荀"，當爲"苟"。——編者註

有給者，收支無可稽考。託於未解以匿爲中飽者多矣。兵數損而士心離，起而爲盜，所必然也。催督之權，一歸總制；任非其人，則胥吏威行於郡邑，令牌令箭馳突官府，動以軍興相恐喝。民日死於催科桁楊之下，水旱流離，莫能告緩，故激而爲流寇。流寇之獨盛於關、陜者，非秦人之樂爲寇也，截解之催督使然也。完欠支放，朝廷無從戶稽，百姓無可控告；以陝西委陝西，而求其不叛，庸可得乎？此夏、嚴之流，任意而聽部司之委卸；爲總制者，又貪利權之歸己，以成乎患害。不知法必有迂曲而後可無弊者，概從簡經，則無紀綱而必裂。夫民必輸國，而兵必待養於度支，此定理也。水旱可以寬恤，邊事之緩急可以損益，皆聽廟堂之張弛；惡有核定民閒若干之賦稅，爲邊兵若干之軍需，而不憂額餉之有時不給、民力之有時不支者乎？窮鄉遠徼之民，皆知輸正供於京師，而飢饉可以望恩；行伍之士，亦知待養於司農，而節宣皆唯廟算，然後兵民之分義明，中外之血脉通，而無痿痹隔壅之病。謀國者苟且無術，而貽禍無窮，亦可爲永鑒也已！

歷代唯唐以錢絹雜用，蓋沿北魏、周、隋。江淮以北，地不產銅而錢詘；開通元寶，始鑄而不給也。自餘皆以錢爲通用之資。宋以前，銀價雖貴，然僅用爲器飾，猶今之黃金耳。銀產少而淘鍊難，銅隨在可採，而通市交易尤易充足；物有餘，斯可爲不窮之用也。若宋末會子、交子，元變爲鈔；洪武初猶承用之，其法極乎陋敝而必不可久。然則利生民之用，自太公以來迄於今，無如錢矣。錢法之壞，亂世貪人壞之也；國貧而攘利亟，銅本少而錢薄劣，覬多得利而終於不行，盜鑄亦因之以起。有天下者，通計而期之久遠，何汲汲於旦夕之厚獲耶？即令千錢之本，費至九百五十文；但得息五十文，在國家計之，亦爲無窮之益。而民之盜鑄者，以無利而廢然返矣。揀精銅而以佳錫點之，每文足重一錢二分，而當銀一釐；輪郭圓好，文畫清整，銅色純青，漆背光堅。非是者，官收鍊銅，而以銅價償之，雖一錢亦不放行。要令鼓鑄不輟，則青錢廣而惡錢自息，不待嚴之以流配之刑也。假使歲得百萬緡，則歲增百萬兩銀之用於天下；無論在官在民，優然有餘，而國自不貧。況實有五萬緡之息，雖至薄，亦歲計之餘乎？增此百萬緡於人間，則粟麥絲麻、水陸物產之流通皆速；惟錢少而銀不給，故物產所出之鄉，留滯而極平賤；非所出之鄉，阻缺而成乎貴。民之飢寒流離，國之賦稅逋欠，皆職此之繇；上下交患貧，而國非其國矣。錢多則粟貨日流，即成凶荒，而通天下以相灌輸，上下自無交困。故錢法行者，非一朝一夕驟獲之利；積始終、徹上下而自然以裕乎財用者也。欲錢之行無他法，惟少取息，務精好而已矣。

戶部天平，金針玉鉸，滑易而平傾速效，吏無能爲姦弊；各布政司用銅鐵者，猾吏隔宿，以醋澆之生綠澀，隨手一拗，加至數兩不能移，揮搥連擊不能動。有天下者，何惜此數兩金、數片玉，不爲民除無窮之蠹乎？斗斛鐵鑄，信善矣；然但用以較量，而重不可舉。若以桐木爲之，加鐵裹二三寸於脣上，三年而一頒，通行天下司府州縣，不過二千餘具；請旨驗發，敢以私斗斛收稅糧者，以矯旨從重論。所頒既廣，自莫有敢爲同異者。大抵有國者，不可惜費憚煩，如此類者亦多矣。

班匠之制，一以開國之初所定爲額；閱數百載後，其子孫或耕或商或讀或吏，不復知有先世之業，而猶使之供班，或令折銀，徒爲無窮之累。若彼操技術以食於民者，曾不供一王之役此政之大不平者也。且直省之中，若廣東、四川、雲南爲工作之藪，廣西、貴州地雖瘠，而百工之所爲亦備，乃獨無班匠，亦非法也。朝廷所用工匠，自宜招募和雇，其廩餼之資，則當卽取之工匠無疑。誠於十五直省州縣分爲九等，制其名額，每名依公旬之制，歲役三日，酌其傭値多少，量加路費。不論土着客作，但於地面應付經一月者，即令着役，給以當年經收信票，即往他處，本歲不致重征歲役。一二人爲甲首徵收納解，用工匠衙門，召募揀選工匠，稱其難易巧拙而分餼之。其或上用之匠多而民間少，或民間之匠多而上用少，通各色免役之實徵，則均足矣。若召募不以其道，工食尅侵，役使過度，刑責過峻；以致銷沮其趨事求精之心，甚至避逃不赴，造作稽遲，及麤惡不中程式，但責之部司之官而不責之匠，則弗患其不能來百工矣。若國有大興作，非大匠不能經度；工成應賞以祿秩，宜於工部別建職名，豐其祿秩，特不可假以尚書、侍郎、郎中等名色以亂流品而已。匠無世業，巧者能之；不以匠還匠，而求之農民，農之困非一端，耒柄鉏矜且不能不以錢粟往求於匠，而尤代之供京班之役，無怪乎人之樂舍南畝而趨末作也！

　　所與守天下者，軍也；軍所尤重者，北邊南瘴之屯戍也，城堡之哨瞭也。天子倚邊軍以固天下，三軍倚瞭哨以決死生，自非與將吏同心以効忠於國者，不可以此委之，明矣。乃自充軍之例興，雜犯死罪，若流若徒，皆以例發充軍軍舍。武職有大罪，則調邊衞；邊衞有大罪，則發哨瞭。是此封疆大故，爲刑人抵罪之地；明末閫外之任，爲辱賤投死之罰。督制鎭將，且爲罪人之渠帥，如驛吏之領囚徒；國家之神氣，幾何而不沮喪乎！且其人既已姦宄，幸脫於死；而無惜廉恥以告鄉里之心，無保井廬以全親戚之念，其不叛不逃，復何顧焉？其尤黠者，甘心延寇以快報復於一朝耳。本死地也，而使之樂；本勞地也，而使之勸；本險地也，而使愿者處之以保其貞，乃可令兵親其將，而以軀命報恩禮。正當於民間揀選有志行者，獎以榮名，而使之爲兵於腹裏屯衞；揀選有志行者，獎以榮名，而使之居邊；於邊軍揀選有志行者，獎以榮名，而使之瞭哨。人慕榮名，然後上下相親而樂爲之死；彼罪謫戍邊，秦隋之所以速亡；刺配軍州，宋之所以拱手而授天下於元人。而何效焉？

惟合萬國以亶帝，亶帝則編甿皆所應效；太常寺所需，當責之戶口、田畝、土產者，徵本色非土產者，徵折色以和；買自外則米麥以供祿餉，爲農民所應輸。次則綿絨、豆料、絲麻、牲口、柴薪，可均派天下之戶口；棗茶、竹漆可派之園林。此外凡國用所需，若皮張、弓箭、翎毛、蠟油、顔料、鉛鐵、筋角之類，皆商賈之所居盈以射利者也。田野之民，辛苦以探畚之，雖有餘而市之，亦以供終歲之用而不足，商賈坐而邀其利。乃自"一條鞭"之法行，而革稅課河泊所官之稅務，盡沒其從出之原，概責之地畝；抑本崇末，民日偷而國日貧矣！蓋農民愿懦，責取之也易；商賈黠狡，責收之也難。悉舉國用而脅蚩蚩之氓以輸將，其始具列名目，雖若繁細，猶存名色；一條鞭矣，則併其名而去之，但知征粟征金，而不知何爲而須此矣。萬歷間每府州縣皆置稅場，但不宜遺內使督擾耳。言者謂之擾民，其云擾者，要皆市井姦嚚之宵小，於國家根本所依南畝之勞人，未有怨咨也。或且謂農民日用，亦必資於商賈；隨地而稅，則物價增貴，農民亦受其病。不知人必免於凍餒而後可有求於市，則以稅故而價稍增，亦其所可堪者也。若苦於飢寒征徭而無告之民，經年而不入市者多矣，曾何損耶？議法於廷者，皆不耕而食，居近市，而多求於市買；利商賈以自利，習聞商賈之言而不知稼穡之齜難者也。孰能通四核之有餘不足勞逸強懦而酌其平乎？雜派分責之商稅，則田畝之料徵可減，而國用自取於優國民兩賴之善術也。孟子言："關譏而不征。"又言："市廛而不征。"法而不廛，謂當時列國分據彼疆此界，商賈阻難，需貸於鄰國；非寬恤之使厚獲利，則趨他國而不至，教以不征誘之耳。後世四海一家，舟車銜尾而往來，何患於商賈之不來乎？孟子言恤商，而孔子不言；魯用田賦，以商賈之賦賦農民，則譏之，斯萬世不易之法也。

　　邊糧有本色、折色之異。本色糧料草束，就近截解，以省飛輓可矣；折色銀兩，轉解無難，自當總解戶部，請旨發邊。蓋事有緩急，兵有增減；有調彼赴此，隨急而應之異。採買糧料，有豐凶、缺足、貴賤之不等；原不可以一定之數，聽之督制鎮巡，使有餘則恣其漁獵，不足則或短少糧料以虧軍士，或更請增加以病國。唯必從部定，相緩急、貴賤而爲之制；省無事之費，以儲之而侍有事，節豐足之價，以儲之而待凶缺。一定於廟堂之斟酌而權衡皆專於壹，則事用恆足而民亦不受邊鎮雷霆風火之督迫，邊亦不苦有司秦越肥瘠之視。假令歲月解銀百萬，往道緣京而至邊，所費二千人之役而已。以都燕言之，薊、宣、大同，近在肘腋；遼左、延綏、甯夏，不過旬餘。惟固原、甘肅爲遠，然亦沿塗驛站之均勞耳。財者，朝廷所以維繫邊關者也，散綱紐於四外而聽其自爲取與，可乎？苟且以趨便，所謂以細人之心謀國也。天子所都，即不得陸海之地而居之，亦未有不生五穀者。宮中之食，與百官之祿，支本色者亦有限，未有不可給者。以都燕言之，順、永、保、河四府，夏秋二稅，二十三萬有奇；所需細糙白糧於蘇、松、常三府者，十五萬有奇耳。即以四府二稅之米麥供宮中及百官、師生、吏役之祿入，及酒醋之需，猶有盈餘以資他用；而必責之數千里逆流閘水之輓運，其船腳尖耗，松板墊席之費，且倍於正供。又僉解大戶，使傾產隕命以任之，此何爲者？蓋沿洪武定都金陵，蘇、松、常帶水之便，因就近上供；及永樂北遷，謀國者苟且從欲，莫爲改鼇，其害遂至於今而不已。不知近者納本色，遠者納折色，此通禹貢五服、百里、二百里異職貢之道，萬世必因者也。若謂天子之都，民食宜裕，不可使輸粟過多；則何不增此十五萬之漕糧於應漕之地，以代畿民之他賦，而免此更端之擾、偏重之役乎？或以吳下粳米精好，玉食者所宜享；則慈闈上用，中宮、東宮、諸王妃主之常膳，歲可數百石而給，令三府酌貢足矣。若遵大禹菲食之甯，居其地，食其產，以爲百官倡，尤盛德之事；食不厭精而已，何土之粟不可精耶？況郊廟粢盛，取之籍田，一畿之土產耳，又何以仰質於上帝與祖考乎？

　　流民不知何時而始有，自宋以上無聞；大抵自元政不綱，富者驕而貧者頑惰，有司莫之問。未流之先，不爲存恤；既流之後，不爲安集。相沿至於成化而始劇，初爲流民，既爲流寇，遂延綿而不可弭；江北、河南，曠莽千里，旱蝗一起，亦地無餘。舟楫不通，糴買無從；勸農之法不講，而稅糧又多徵本色。無三年之食，國已非國，及其業土就熟，乃更授以公據文憑，令橫行天下以索食。夫此流者，既不難去其鄉矣；使屯種於邊，何不可者？即不欲赴邊，而土廣人稀之地，如六安、英霍，接汝、黃之境；及南漳以西，自河以南，夔府以東，北接浙、川、內鄉之界。有所謂禁山者，何爲而禁之？若饑民告去其鄉者於彼山地安插之，使刀耕火種，各成聚落；於鄖、夔、漢中、廬、安、汝、黃諸府，增縣建官以牧之，輕其稅徭以安之。又如崇陽而南，至於瀏、醴，東接瑞袁、吉安之西境宣、歙、衢、嚴，南至於建汀，山肥土澤，可粟可麻；而不耕不稅，爲豪民之影占，擇地而立之邑，授土而奠之耕，皆可以安實此曹。而化疲頑爲率教之氓，易荒窮爲錯繡之國，此以處夫既流而不復業之民矣。乃以妥未流之民，使永安其土者，則除已流之戶籍分給田產於土著，而使之廣種，減其漕運本色之數；多置常平，以權豐凶之積。使有所憑藉而不欲去其土，十年之後，將必恥惡其游蕩索食之故態，而況忍爲探丸、嘯伏之姦乎？河南、江北，唐宋以前皆文治之國，朴秀之俗也；誰移之而使成爲乞爲盜之俗，任教養之責者，乃更給之符檄以獎之乎？轉移之權，在加意而已。勾捕逃軍之禁甚嚴，橫及於無辜之戶族鄰里；作法之弊，乃使襲而爲之者，捕逃送逃，毒深於中原之赤子，亦憯矣！夫惟出征臨敵而逃者，於軍法不可貰；亦立募獲之賞，禁沿塗之誘匿於授鉞之日而已。若其著伍之日，無出征之令；而或操或屯，則天下必不可強之使爲者，兵也欲其捐以效命於原野，而拘縶怯儒離心之人以嘗試乎？養之有恩，馭之有道，能爲兵者自樂爲之，不能爲兵者聽其告退而歸民籍，別募以補伍。奚患乎無兵，而待嚴逃禁哉？其有逃者，必其爲長爲帥者之不能恤士也；詰其所以逃之故，亦罪坐主者而已矣。唯問罪發充之軍，逃所必誅。然罪人充配，損國威而短士氣；始爲讁罪充軍之議者，庸人誤國之禍原也。以屯田言之，則人逃而田故在；如其欲脫籍而去，卽以所屯之田歸之官，而更授募者。假令募者不能耕，卽坐收屯田以爲新軍之食，固亦甚易。唯典買軍屯之禁不嚴，故或軍退而無田可歸，其法但按始授軍屯之籍，不論其所賣之或軍或民，責於餘糧子粒之外。苟非正身著伍，卽令輸上倉十二石月糧之數，則典賣不行，而田產恆在，有以給新軍矣。人之才力性情，各有所宜，不欲爲兵者強使爲兵而不得，欲爲兵者亦抑令爲民而不安。在經國者之裁成耳，如之何爲苛法以虔劉斯民也！

　　自文官不許封侯之法立，而五等夷爲鹺官；朝廷獎馭勳勞之權日輕，故王威甯以封侯入右班爲恥。公侯之爲帥者，匍伏於士大夫之門；上欲揚之而祇以抑之，勢之所激必然也。自隋唐重進士之科，崇尚文墨，則古者文武並於一塗之道，不可復行；然出身之塗可異，而自三品以上，爲國大臣，出而屛藩，入而經緯，固宜合也。誠使自行伍而登仕者，至三品則通經術明法律者，自詞林而外，卿貳督撫，皆可歷試。其不諳文事者，亦可兼銜。自科目而登仕者，至三品則出而提督邊關，皆可掛印充總兵官；入而理戎政，爲樞部之長貳，亦可兼都督之職。苟爲盡忠宣力之大將，亦得進而與聞乎國政。而文臣登籍以後，志在大用者，不徒高吟曳裾，以清流自標榜，而貽無用之誚。於武夫分釋褐從入之途，以使各專其業，合大臣憲邦之用，以使交重而不相激以偏輕。君天下者，勿任意見之私，當開刱之始，不矜馬上而賤詩書；在守成之日，不忘武備而輕介冑。致天下於揆文奮武之治，在其幹運而已。

文臣不許封侯，至以極刑嚴之；顧亦念古今之以文臣竊天下者凡幾？若宋趙普、韓琦，皆贈王爵，亦何病於國？雖秦檜亦濫王封，然不可以檜之失訾普、琦之得也。名爵爲人生所必惜，固也；乃惜之於文臣，而以正二品之世爵施之漢賊張魯之苗裔，使與闕里並崇。因宋元之陋，而流及於今，亦可長太息者也！濫名器，崇邪說，其徒乃得藉以遊食，煽貧民而取其財。數百年無一人言及者，可異也。今所謂王侯者，非古之列士牧民者也，名焉耳；生而爵之，沒而贈之，以襃臣子，以寵鬼神，一也。公侯之名，惜於論道經邦、尊俎折衝之文臣如此其重；帝一而已，昊天之尊稱，一人之大號也。眞武，一龜蛇之靈耳；關壯繆，一將帥之雄耳，而封之曰上帝，曰大帝。乃使愚人無以復加，而稱之曰夫子，公然一洙、泗矣。上行下效，曾何紀極！此其宜與禹放蛇龍，孔子成春秋，黜荆吳之僭王，同法也奚疑。

三恪之封，自曹魏而下，攘人之天下而姑以虛名謝疚耳，然迄於唐介鄘之封，猶不失爲天下貴；但承所竊之閏位，而非崇元德顯功之嗣以修配天之事。守如唐舍漢後而尊宇文楊氏，非帝眷之不忘，民心之不昧也。宋得柴氏之天下，遂廢李唐之祀；其於柴氏也，抑未嘗爲顯名於茲。偷矣！唯漢舍秦而崇殷周，獨得三代之遺意焉。洪武初置此禮於不講，乃使李、趙撥亂安民，數百年天地神人之主，降爲編氓；顧授買的里以侯封，此當時贊襄諸臣，自有仕元之慝，而曲學阿世，以成乎大失，其罪不容逭也。李、趙之苗裔，於今未遠，譜系非無可徵；其如漢室宋支，若長沙定王之後，散在江楚者，歷四十餘世，統緒尚未佚亡，而況於李、趙之近而可稽乎？爲中國之主，嗣百王而大一統；前有所承，則後有所授。沛國之子孫，若手授之隴西；隴西之子孫，若手授之天水；天水之子孫，若手授之盱眙：所宜訪求其嫡系，肇封公侯，使修其先祀，護其陵寢，以正中夏之大緒。而國家有納后妃，降公主之典，自應於此族選之；選之不得而後及於他族，又清流品、正昏姻之大義也。一姓不再興，何嫌何疑？而顧與盜賊相先後而不恥乎？以赫赫炎炎漢、唐、有宋之功施有夏，而顧不及妖賊張魯之餘孽，世受寵光，不待義夫而爲之扼腕矣！敦忠厚立國之道，以定民志；昭功德而俟後王，固不容不於此加之意也。

卷四　黃書

原極第一

　　夫觀初始於天地者，豈不大哉洋洋乎！金以銑之，木以幹之，土以敦之，火煊風撓，水裹以烝化之，彼滋此孕以繁之，脈脈門門、泮渙搏翕以離合之：故盛德行於無疆，而不知其屆也。然而清其族，絕其畛，建其位，各歸其屛者，則函輿之功，所以爲慮至防以切。是故山禽趾疏，澤禽趾羃；乘禽力橫，耕禽力縱；水耕宜南，霜耕宜北。是非忍于其泮散而使析其大宗也，亦勢之不能相救而絕其禍也。

　　是故聖人審物之皆然而自畛其類；尸天下而爲之君長，區其靈冥，湔其疑似，乘其蠱壞，峻其墉廓，所以絕其禍而使之相救。故曰："聖人與天地合德"者，豈虛獲哉？夫人之于物，陰陽均也，食息均也，而不能絕乎物；華夏之于夷狄，骸竅均也，聚析均也，而不能絕乎夷狄。所以然者何也？人不自畛以絕物，則天維裂矣；華夏不自畛以絕夷，則地維裂矣；天地制人以畛人，不能自畛以絕其

黨，則人維裂矣。是故三維者，三極之大司也。❶

　　昔者，周之衰也，誓誥替、刺雅興、鎬京淪、東都徙，號祭存、綱紐佚，詛盟屢私，數圮日兼；故抱器服而思烹溉者，日惻惻然移玉之爲憂。而聖人之所深長思者，或不在此。作春秋，明王道，內中夏，外戎狄；疑號者正其辜而終徠之，外會者斥其賤而等擯之。夫周之衰，非有匈奴、吐蕃、契丹、韃靼以爲之外逼也；陸渾、吾離、允姓、僑如之族種，不能配中國之一名都也；燕之北鄙，秦之西陲，未嘗晨夕於奔命也；葵邱束牲，而小白求三脊之茅；城濮館穀，而重耳干隧道之請。周之玉步，將上逼之爲競競，而聖人終不以彼憂易此恤者，則其故何也？文武之興，昕履牧率，夕步天祚；濫唐沿虞，服夏褐商，承建列侯，各君分長，山河塞阺，際蠻戎夷貊者，昔之天下也；既規規然惴其旁午，復鼎鼎然虞其上下，諸侯或僻介荒小，用寡捍疆，以小藩大，勢詘于所守，力僅于所爭，固未嘗不糾迴蜿蟺於聖王之心。夫延萬國一君長，挾尺捶而奔役四寓，功施鈇鉞，爛然開于共主，而天下弗分其功名。聖人豈異人情而不欲此哉？然而山河以西，師旦分牧；函崤以東，召奭代理；五侯九伯州長連率、經緯縫紩、割制員幅者，使之控大扶小，連營載魄。是故偏方遠服，不受孤警；連城通國，若運掣臂。則周之盛王，所以維緊神皋、檳拒夷❷類者，意未有所弛，而權不可得而衰。夷厲而降，牧長無命，綱維潰破；鋒矢尋於同仇，牗戶薄於外禦。是故孤竹蹙燕，淮夷病杞，郟瞞義渠，侮齊宋而窺河渭；然而天子不能命伯、列侯之彊大者，矯激奮起，北斥南征，故斬令支，轢卑耳，拓西戎，刈潞氏者，猶赫赫然震矜其

---

❶ 本段中的"華夏"、"夷狄"、"狄"等字原缺，疑仍與清朝的忌諱有關。——編者註

❷ "夷"字原缺。——編者註

功,以張赤縣之幟。彼其左旋右攦,夸武辟疆者,雖不足以與聖王權衡三維、繼領八極之盛心,而聖人猶將登進之,爲稍持其禍而異於澌滅也。是以周之天子,賜胙俎錫彤弓命隨會欰戤冕賀任,好播金鼓而不見譏於春秋。故曰"其事則齊桓晉文,其義則某竊取之矣",蓋進之也。

夫奠三極,長中區,智周乎四皇,心盡乎來許;清露零柯而場圃入保,片雲合岱而金堤戒濫;吳呼好冠,而晉覛命圭;杞用夷禮,而冒紲神禹,莫不逆警萌甲而先靖宮庭。是故智小一身,力舉天下,保其類者爲之長,衛其羣者爲之邱;故聖人先號萬姓,而示之以獨責❶,保其所貴,匡其終亂,施于孫子。須于後聖,可禪可繼,可革而不可使夷❷類間之。然後植其弱,掖其僵,揚其潔,傾其淬;冠昏飲射以文之,哭踴虞祔以衰之,堂廉級次以序之,刑殺征伐以整之。清氣疏曜,血脈疆固,物不干人,沴不侵祥;黃鐘以節之,唱歕以瀏之。故禮樂興,神人和,四靈集;而朱草醴泉,相踵而奔其靈也。今夫元駒之有君也,長其穴壤;而赤蚍飛螱之窺其門者,必部其族以噬殺之,終遠其垤。無相干雜,則役衆蠢者,必有以護之也。若夫無百祀之憂,毣九垓之辨,尊以其身於天下,憤盈儔侶,畛畔同氣,猜割牽役,弱靡中區;乃霍霍然保尊貴偷豫尸功,患至而無以敵,物偪而無以固,子孫之所不能私,種類之所不能覆,蓋王道泯絕而春秋之所大憗也!

---

❶ "獨"字原缺。——編者註
❷ "夷"字原缺。——編者註

古儀第二

自昔炎裔德衰，軒轅肇紀；閔阽危，鑄五兵，誅鋼額，滌飛沙。弭刃於涿鹿之埜，垂文鼓弦，巡瑞定鼎，來鷗寥粥，建屏萬邦；而神明之冑，駢武以登天位者，迄於劉漢五姓，百十有一后，豈不偉與！是豈肖私神器以貽曾元之心哉？而天貺不捨、靈光來集者，蓋建美意以垂家法，傅流雲昆，不喪初旨；美盰蒸蒸，必以得此而後足以憑依。故屢濱播棄而卒不能舍去，以外求宗主；蹟其所以煮冒天下者，樹屏中區，閑濱殊類而止。若乃天命去留，卽彼舍此之際，無庸置心；要以衣冠鳥帶之倫，自相統役，奠維措命，長遠醜孽者，寶以爲符，得人而遂授之。然而帝眷民懷，絲遊膠液，紛紛延延，彌保雲系者，則貿于相求而隱于相報也。

迄于孤秦，家法淪墜，膠膠然固天下於擎握；顧盼驚猜，恐疆有力者旦夕崛起，效已而劫其藏，故翼者翦之，機者撞之，腴者割之，貳人主者不能藉尺土，長亭邑者不能囊寸金。欲以凝固鴻業，長久一姓，而憤敗旋趾。由此言之，詹詹鑿陋，未嘗迥軫神區，而援立靈族，豈不左與？

漢承其敝，古型秦軌，白黑兼半，而彊幹植條，爲數百年之計者，亦自創異意，冥合十九；侯王封君，兼城占籍，鑄兵支粟，不爲禁戒。故長沙可以支三粵之侵叛，而燕旦受封制册之中，所以防遏獯鬻氏者，三致意焉。景、武以還，推恩少力，酎金奪侯，雖輫輔弱助，而命大將遣單使，得以意行消息，權制士馬。而且金虎銅駝，雖握禁達；軍民部署，尤隆刺守。故元、成運替，安、順爽凌。然而樓蘭、郅支，絕亢懸首；烏桓、羌部，躓駕伏尸。雖莽僭西都，丕奪許鼎，而南陽、益部，連衍而接墜緒者，猶此枌榆之苗裔也。

晉氏失計，延非族以召禍亂；中國隤隤，非無自致，而州牧分土，長其君子，其民措施不拔，琅邪以延。向使泮散消弱，守牧無資，十六國之戎馬精悍，非江東之所能敵也。

六代文羸，漫不足紀；遺法餘力，僅支江介者，二百七十年。使彼孱主孤邦，日斤斤焉以孤寡陵遲倒、柄藩牧為慮；曾不足以建十年，而石、符、拓拔已褰裳而而絕安流矣。

是故天下之勢，有合者有分者，有張者有翕者，有縱而隨者，彊彼而固此者。故曰：“大制不割，樂天下之成而成之，選天下之利而利之。”今夫悍鷙擊搏，縱橫驅合于農，則實去；要愿朴，建脆弱，驅合于兵，則名存。名存實去，則自忘其弱而喪其眕，方且割萬有專己私，侈身臂矜總持；不縱以權，不彊其輔，則所以善役天下而救其禍者，蕩然無所利賴。此仁者之悲膺疾額，而俗儒之利以為名也。

唐無三代牧伯帥長之援，無深仁大計、建民固本、清族類拒外侮之謀；竊尸寓農之遺號，強合兵農，分制府兵，徵發宿戎，一聽於京師。此其法足以數世速亡，而迄于天寶禍發；始兆者豈府兵之敗軌特遲哉？溯其僅存，尋其利賴，自西州沿北庭迄遼左，置督護都督者，不隨腹裏，得專措置；故一時大勳各將若李勣、薛仁貴、王忠嗣、郭元振之流，進止刑賞，不受中覆。選士馬，審機宜，滂沛椎酤奴隸偏裨；下至乾沒猶無所問，極重不返，而節度逆行干天歷，以成五季者，事勢瀾流，洄漩激而反倒其歸也。然且更迭閏位，圖籙弈改，石晉北傾，恃怙蠱醜；而并陽不拔，胡馬北首，數閱而仍歸中國，內彊之效，亦可覩焉。

宋以藩臣暴興，鼎祚意表，所授不寐而驚；趙普斗筲菲姿，負乘鉉器，貢謀苟且，肘枕生猜，於是假杯酒以固歡，託孔云而媚下。削節鎮，領宿衞，改易藩武，建置文弱，牧總禁軍；衰者塡籍狐立於疆之側，亭亭然無十世之謀。縱佚文吏，拘法牽縶，一傳而弱，再傳而靡。趙保吉之去來，劉六符之恫喝；玩朝廷于股掌之中，而莫或省。城下受盟，金繒歲益，偸息視肉，崇以將階，推轂建牙，遺風漸滅。狄青以樞副之任，稍自掀舉，苟異一切，而密席未溫，嫌疑指斥。是以英流屛足，巨室寒心。

　　降及南渡，猶祖前謀；蘄循僅存賃酒，岳氏遽隕于風波。撓棟觸藩，莫斯爲甚。夫無爲與者，傷之致也；交自疑者，殊俗之所乘也。卒使中區趨靡，形勢解散，一折而入于女眞，再折而入于韃靼。以三五漢唐之區宇，盡瓣髮負笠，澌喪殘剝以潰無窮之防。生民以來未有之禍，秦開之而宋成之也。是故秦私天下而力克舉，宋私天下而力自詘；禍速者絕其冑，禍長渚喪其維。非獨自喪也，抑喪天地分建之極。嗚呼，豈不哀哉！

　　夫石守信、高懷德之流，非有韓、彭倔強之資也；分節旄，攔鎮牙，非有齊秦百二剖土君民之厚實也；譚笑尊豆，兵符立釋，非有田承嗣、王武俊、李納之跋扈而不可革也。使宋能優全故將，別建英賢，顚倒奔走，星羅牙錯，充實內地，樹結邊隅，一方潰茂，聲援谷響；雖逮陵遲，取資百足，亦何至延息海濱，乞靈潮水，皋亭納壐，碙島沈淵；終使奇渥吞舟，乾坤霾塞，濱百年而需遠復哉？惟其塗蔽萬民，偸錮大器；瓦缶之量，得盈爲歡，嬰兒護餌，偃鼠貪河。愚夫之惑，智者哂焉。《易》曰："其亡其亡，繫於苞桑。"苟有繫也，足以固矣，而必於苞桑焉。秦、宋之繫於苔枝，而不知其根之拔也。故曰："前事之失，後事之師。"其來茲之謂與。

宰制第三

今欲取天下而宰制❶之，有聖人反三維，起在位度不十數傳，復有口口口口之等夷，狡焉思裂維而盜神器；如口所爲，彼固狃以爲故常，無足難也。而天不亦恬不知所怪。天地之氣相干凌矣，亦或羸槁不能爲人救；聖人堅摯定趾以救天地之禍，非大反孤秦陋宋之爲，不得延固。以天下爲神器，毋凝滯而盡私之。故《易》曰："聖人之大寶曰位。何以守位？曰人。何以聚人？曰財。"非與于貞觀之道者，亦安足以窮其辭哉？

天地之產，聰明材勇，物力豐富，勢足資中區而給其衛聖人；官府之公天下而私存，因天下用而用天下。故曰："天無私覆，地無私載；王者無私，以一人治天下。"此之謂也。今欲宰制之，莫若分兵民而專其治，散列藩輔而制其用。今之自縣以上三進而及布政使司，凡以治民者，自秦而下不能易也。縣隸府，府隸司，司受命於天子，足以呼應無關格之疢矣。府治其屬，既不能專，其有事旁撓于同判推官，而巡守兵備，安坐其上，以挖郡邑之呼吸，則分司之建可革也。山東府六而分司者十六，山西府五而分司者十三，陝西府八而分司者二十四，四川府九而分司者十七；或倍之，或參倍之，其佐倅遇府設焉，或稍浮于府，未有一道而兼制數府者也。所以束溼纏繫于知府者，可謂急矣。而一郡數邑，不得以制其短長之命；且夕不測，其民視牧長如逸兔之於驚麕也。況其爲天子守彊圉取必而與城共命乎？

---

❶ "制"字原缺。——編者註

魏尚之於雲中，李廣之於隴西，以一郡捍匈奴之名王者，事權重而戰守專也。故革分司重府權，盡治其郡，設推官以贊其吏治，立武監以簡其兵賦；兵賦所講，受成於府，有所徵發，府受臺計而遣之，刑名錢穀，馴置屯田水利；奏最于兩司足矣。夫撓郡權而臨其上者，不過治府緒之餘；而形隔勢礙，推委以積其壞，是龐睫儋耳，無益于視聽，而益損其官也。自郡上之為民之治者受於司，為兵之治者請仍巡撫使之任，而去其京銜，定其鎮地，制其厄塞，重其威令，斂其勁銳，閱其文武，假其利資：七者具修以置藩輔，各戰其境，互戰其邊。行之百年，以意消息。中國可反漢唐之疆，而絕孤秦陋宋之豐禍也。中區之地，四戰用文，河山用武；沙衍耐騎，箐峒耐步，江海耐舟，麥食耐勇，稻食耐智，雜食耐勞。廣土墳爭崟崎壁守。鹵國給鹾，澤國給積，潦鄉給魚，赭山給鑄，林阜給荈，邊徼互馬，殷道課關。其它連錫、絲枲、筋鰾、皮革、蒲篠、硝黃、翎毛、杉柟、岡桐、栟櫚、漆材、苧絮之所產者，可相輸而各奏其利。大司農不登之書，非中監漁採，則豪猾墨吏兼并閭右之所攘也。一切取足，其瘠疲而耐給者，百之四五。故曰利資可假，勁銳可斂，厄塞可制也。

請置河北、山東為一使，江北、濟南為一使，河南、荊北為一使，燕南、河東為一使，關陝、秦隴為一使，荊南、江右為一使，江南、福、浙為一使，巴西、瀘南為一使，南贛、嶺海為一使，嶺西、桂象為一使，滇黔、洱海為一使：此十一區者，用武地六，用文地四；兼錯犬牙，率得險者或十六七或十三四。因舒蜿，隨原隰，各固其圉，取材其產，蒐其軍實，以聽邊之不時。畿輔為一使，左輔為一使，右輔為一使，大同為一使，延綏為一使，甯夏為一使，河西為一使：此七區者，戰地十九，內地士一，大司農因漕委輸轉，十五司之粟米以灌注之。滑州襟帶黃河,右腋太行,左腋鉅野,臨制河南之膺膈,一要區也,河北、山東行臺治之。其地起人❶名,北有廣平、順德,南有彰德、衛輝、封邱、延津、陽武、原武;東得東昌、濟南,東傅于海,得益都、臨淄、樂安、博興、壽光、昌樂、臨朐、高苑,又東得登萊,極于海;西得懷慶、潞安、澤沁,挖太行,窺冀、晉,傅于山。雒陽據土中,左京、索,右潼關,三塗、岳鄙,神明之區也,河南、荊北行臺治之。其地起河南,東北得汝州、開封、許、禹、鄭之屬邑,窮于滎澤;東南得汝南,南得襄隕、承德,西南得興安、平利、石泉、洵陽、紫陽、白河、漢陰,濱漢、沔、間湑、淯,承楚脊,控關南,東固汝水,放于淮。徐州憑黃流,睨大江,披帶長淮,東枕瑯琊,咽扼南北,一要區也,江北、濟南行臺治之。其地起徐州,東南得鳳陽、淮安,南得廬州、安慶、黃州、滁和,盡于江東;北得兗州、安邱、諸城、蒙陰、莒州、沂水、日照,北阻大峴,東傅于海,西得歸德、太康、陳州、商水、西華、項城、沈邱,窮于汝、穎之交。太原以故晉之墟,左山右河,北阻忻、代,士馬勁疾,險障重沓,一要區也,燕南、河東行臺治之,別治晉陽,別嫌藩司,形勢無相互格。其地起陽曲、太原、榆次、太谷、祁、徐溝、清源、交城、文水、壽陽、盂、靜樂、平定,割鴈塞以爲大同守;西南得汾州、平陽、遼州;西畫河,南不盡太行,以壯澤潞;東出土門,歷常山,得眞定,彌互絡繹,以承右輔之或贏。咸陽居渭流之北,與長安相望,秦川八百,關河沃衍之區也,關陝、秦隴行臺治之,別治渭北,別嫌藩司,形勢無相互格。其地起西安,北盡北雒,界梁山;西南得鳳翔、漢中、甯羌之屬,割興安畀河南爲右腋;西得鞏昌,阻陰平,鎖蜀漢;北得平

---

❶ "人",當爲"大"。——編者註

涼、華亭、鎮原、崇信、涇州、靈臺、安化、合水、甯州、眞甯、狄道、渭源、慶洮、平涼諸邊之劇邑，割實邊藩，爲所保守，有秦川供三邊之奔命；又西得岷、洮，北阻蕭關，西戒河湟，以司茶馬之居儎；又西不盡于生番。武昌，長江東下，清漢南來，雄挽中流，搏蠻中引，江外一要區也，荆南、江右，行臺治之，治故鄂城，別嫌藩司，形勢無相互格。其地起武昌，逾江得漢陽，阻湏水；南得岳州、長沙、衡陽、安仁、衡山、酃縣、耒陽、常甯，訖南條；西南踰洞庭，得荆州、辰、常、沂❶于沅，有黎平、平溪、清浪，迄于偏鎮；中括施、散、永定、永順、保靖，兼漢土；西又南，得邵陽、新化，分資水爲南塞；有❷得南昌、瑞州、九江、袁、臨、饒、廣、南康，包彭蠡，有江右之衍區，挾諸嶺爲閩、廣脊，受無賴者，割以爲南贛守。鎮江，因京、峴，緣揚子，西接漢、岷，北拒淮、泗，漕守山東，俯拾建業，一要區也，江南、福、浙行臺治之。其地起鎮江，得蘇、松、常州、廣德，西上夾輔應天，沿江得甯國、池、太；東有徽州，倚三天、子鄣，沿漸江，東有全浙；循海而南，得福、泉、興化、福甯，渡江北直海門狼山，鎖大江，得揚州，盡淮東，罄浙江海，索腴賦，休士馬，輝戈船，根抵南國，以備倭盗，而資山東之奔命。合州，三江所會，魚復、僰道、褒駱、武都、嚴道、夜郎之湊而會，一要區也，巴西、瀘南行臺治之。其地全有四川，自威、茂、雜谷、天全、黎、邛、昌，跨大渡，度相嶺，右遶東川、烏撒、烏蒙界水西，盡轄土夷；南渡烏江，得平越；東北上，得清平、興隆、思南、石阡、思州、銅仁，窮五塞，南盡于沅。贛州，咳頤梅關，延

---

❶ "沂"，當爲"泝"。"泝"，同"溯"。下有"泝"誤爲"沂"者，徑改，不一一出註。——編者註

❷ "有"，疑爲"東"。——編者註

紆嶺塞，注瀉海嶠，絡引大帽、浰頭、柬鄉之條紀，武備所嚮，樓船步卒之衝，一要區也，南贛、嶺海行臺治之。其地起贛州、南安，西得郴、桂、臨、藍、嘉禾，盡楚猺地；北得吉安；東北緣山有建昌、撫州，故盜區藪；下杉關，得延平、邵武、建寗，南迤汀、漳，窮于海；次海濱，得惠潮、廣州，蔓引連陽，與臨桂會而西盡于灘水之交。梧州控肘楚嶠，垂臂瓊海，是灕潭、牂牁、灕江之下遊，逆邀其所趣，土、漢嗓喉之要區也，嶺西、桂象行臺治之。其地起梧州，東得肇慶，窮于灘口；東南得羅定、高州、雷、廉，南極交趾，濱于海，渡海得瓊；西泝三江，全有廣西；北越秦城，放湘源，得永州、武岡、城步、新甯、靖州，通西延、古泥之徑，尋左江西上，得都匀，犬牙楚、黔，界于播夷。大理，葉榆所派，金滄所維，北捍土蕃，南覆撾、甸、六詔，上游之雄徼，一要區也，滇、黔、洱海行臺治之。其地全有雲南，並夷部，東巡縣度出箐道，得貴州西境；東有貴陽，訖乎新添；北緣陸廣、赤水、烏撤而界于瀘；南沿平伐、鎮寗，頂營募役，鑿初道以通乎泗城，而西南窮于交趾。于是登其甲乘，制其刑典，宅其賞罰，司其汰補，寬其蹤指，要其連系；盜賊踞山谷汜洋汛者，府自部討之，聞于臺。盜名城，躪旁邑，暨小夷之竊發，臺部討之，聞于司馬。邊徼奔命，巨寇彌延，羽書馳于司馬，下檄臺使，因其形勢，奔走疾呼以應其鄰左，勞逸腴瘠，搏隘勁脆以視其往來。滑臺涉鉅鹿，通天津，以紆左輔；徐州沿淮、泗，下盱眙以固江南。東放瑯琊，以膺登、萊之不逮；河南蒐練腹裏，開花園、黨子，西南綴上庸甌脫，紆秦、蜀，制山南北，守黃河犄角畿南而撫其怠。太原居西，補河曲，急則東紆右輔，或出鴈塞以應大同。關陝阻關自保，聲勢山河，視其旁午，連川河以軫綏甯、河曲之恤，江、湖、贛、嶺、巴、蜀、滇、黔旣隨，以蠻夷海汛，分其所守，就近參援而調置往來。泝大海，沿淮海，以紆山東，入武關，繞松洮治，以紆關外；或馳孔道，下冥陀，騁大梁，絕黃河，以衞京畿。因裹糇兵取給于十五使司，登大司農而受裁於廟議者，皆以流蕩營魄而振戴根本也。臺之所治，或千餘里，或二三千里，際荒陲容受不軌，卒相搖動，禁制不時。河北則東登、萊，濱海綾通海，蓋西澤潞太行，伏戎河南，則襄陽受沔下游制，鄖西受夔庸逋逃，江北則定慶以名城阻江楚，江南則溫州縣海以須島夷，蕪湖對濡須直江北之衝。荊南則沅州領苗夷、殷黔道，關陝則階文制生蕃，匡川北之不虞。巴西則馬湖逼瀘水，亢嗦南中，威州孤懸，烏術垂制江外。南贛則潮州承閩而分海汛，嶺西則雷州障交夷縣窮髮、慶遠，南扈田泗，西繫那丹，以通都泥。滇、黔則貴陽總線道飛繫荒遠，楚雄殷六詔之中，右哀牢，左特磨，直下車里、老撾，以距南醜。凡各分司以鎮之，而受其生死動靜之數於臺；武監之治，請視兵賦之多寡，弱郡併之，勁郡專之，或贏置之，以登成于知府而受其生死動靜之數于臺，故指臂相須，而批導形便也。

諸行邊領重鎮者，地儉於腹裏，而芻粟士馬、節制旌旄、秩等部從，不亞於中區；或覆增之系其任，或卿尹中牧，或他臺使以崇望右陟，或大將起裨校，威信足恃，賴以大將軍行使系其人。昌平屏攝，翠微衡蓋，輦下左右，北古居庸，畿輔行臺治之；起喜峯，出定州，西至延慶爲其守。北抵灤西、淸兀、良哈之塞，永平東北，極徼環海循山，外邀三坌、白狼之險，東醜之所出入也，左輔行臺治之。接喜峯，畫灤水，東盡關門，沿海下天津爲其守；東北出三衞、金源故地，窮興中、大定，東搗開、鐵，靖其庭穴。宣府有偏嶺、飛狐之勝，繁饒悍鷙，直開平之吭，右輔行臺治之。起懷來，阻桑乾，西抵廣昌爲其守；北出興和，擴亭障，斥地沙漠。大同平衍廣埜，內護句注，散戰之區也，大同行臺治之。內連廣昌，北出天城、陽和，遶黑河而西，盡東勝，遵濁河，不偏關，抵河曲、保德，畫大河爲其守；渡黑水，擊雲內奏集甯，斥豐州之塞。葭州外控榆林，左拊西河，保甘泉之外障，延綏行臺治之。東起黃甫，際河而西；西抵花馬池之右，懷襄環慶爲其守；直北淸河，南修受降之遺地。寧夏左省鬼，右賀蘭，赫連兀卒之自雄其都也，靈武之所由收關、雒也，甯夏行臺治之。修楊制使之遺塞，東起花馬池，東盡蘭州爲其守，北踰賀蘭馳燕支之下。甘州縣綴新秦，壤地數千里，孤峙以制西夷之生命，河西行臺治之。東起口浪，西極嘉峪，南遶西甯、歸德，渡磧石，抵河州爲其守；出酒泉，修瓜沙之塞，橫互自保，以維西陲；餘力蓄士馬，奔他邊之棘，相附郡邑守隧所統，形勢所奏，則分隸其臺。畿輔得保安、延慶、順天，效上供之餘；左輔得永平、河間、天津，右輔得保定、萬全；大同得大同、忻代、岢嵐、保德之屬，延綏得延安、環縣，甯夏得六衞、中衞、靖虜、固原、靜甯、莊浪、隆德、蘭州、金縣，河西得甘、涼、肅、莊浪、西甯、鎮番、永昌、河州：以資其芻牧、工匠、孳養、鼓鑄之用。丁男輓運城堡築浚之役，征調遊弈，視中區爲費，司農寬賦役以休息之。疲者不賦于大官，藩司登計其入，移臺用者十可三四給也。不足，仰於腹裏，行漕開中，不盡于京師，便歸其塞。膠、萊漕關東；汴渠、屯氏、沽潞漕畿，分漕萬全；桑乾漕大同；淇、沁漕太行，浮於河，河漕延綏，浮渭抵陝，濟甯夏。河西不足漕者，牛車橐驢之所任也。渠河流潤，苦壞修屯，積粟大農，濟其畚耜，稍給牛其金鐵之資焉。凡軍伍之僉，中區之厚土烈風、山箐水國之任爲兵者，可數也。邊徼先其土著，閱其子弟，蕃其牧養；不足請命踰臺以調益之，中區各僉其治毋踰，十八而傅，六十而老，廢疾而給，及身而放，不傅子弟。子弟，以卯角從軍，驗其嫻熟精僄者傅之。榆關而西，極乎大同，其民小悍；延綏、靈、朔、環、慶之區，其民大悍；莊浪度河，甘、涼、洮、岷之間，其民小悍，皆家丁子弟之聞於天下者也。澤、潞、太行、河北、山東之弓馬，登、萊海舟，死走鹽利；南陽、毛葫蘆之桑弓毒矢。鄖陽雜五方，依老山，沿漢而上，南通庸、蜀，流民之苗孽，廬、鳳習江北，輕生樂禍，舒、皖、六安茶山射獵之徒，勁弩藥鏃，洞中沸靡。木陵、黃土、新市之脊，共爭之區，依砦步鬥者，以寡擊衆。太原、汾、遼、易、定之間，趙、代民小悍，京口慓銳，沿江海者淅爲下；義烏之步卒，青溪之亡命，其族故存。徽之行賈，便習劍擊；宣、涇喜弩，獵在江表爲彊。福、廣瀕海習舟，依山習步，猿接猱跳，飛瓦攫檣；贛、撫、汀、建依山者嗜利喜死，撫、建爲下。辰、沅而西，起永定、筸，迄乎雲貴，宋、蔡犵玀，西南之尤悍者也。蜀沿江有巴、渝之遺，汶、黎、松潘、相嶺、沖天之徼，東繞馬、瀘，訖黔、酉土司，各以標鎗、利弩、火器、革鼙之資，耐勞奔險，樂死好鬥。南、太狼家盡泗城而西，不下數十萬，顧保其區不戰散地。其一邑或一鄰，頗有勁悍者；守監隨多寡占募，不以額僉，如府兵、彍騎、禁廂、衛所之制，老死子孫而誅及疲劣，則上下數百年，中區之材用，可因時消息而登之用也。夫捐父老、犯零露、踐伏尸、間燹火、爭死于百一者，泣以潔清嚼白之率，長使啜糲茹藜，窮年永歲，無釃酒割鮮、蒲塞馳射之歡，攜修眉、聽囀歌、靡濫柔腝、妖變絃索之戲，則蛇慵麋散而不可止。故牛酒時作，金錢飛灑，所以賈桀驁之死心也。而況旗幟帷幛，弓矢刀矛，火器馬疋，鞍韀之精銑，率不再歲而敝壞；與夫間諜、偵探、遊賓、說客、死士之往來，國家不能括資于經費之中，則假臺使以權，寬其繕具。倘如昔者守司農所放，率不得請，請不得報，報不得速；事機先失，守文吏隨持其後，此以約束庸愚而坐自弱其勢矣。今夫中區之產，八穀不與，賦於大農，其滂溢橫射，走天下全利者，醝政爲上。淮安、通泰隸兩淮者，北食陳、汝，南食長沙，利參天下之一。長盧領北海，食畿下。山東領膠東、濱、樂，並食徐、邳。解池三場食兩河，屆澤沁。陝西領靈州池、障、西和井，食隴右、河西。山丹紅鹽居延白鹽，稍食其地。浙江領許村、仁和、嘉興、松江、甯、紹、溫、台，食吳會。福建自食。廣東食領東南，海北兼食廣西，北食衡寶。雲南黑白井自食。四川領成都、富順、渚川、榮昌、大昌、開縣、鹽亭諸井，食其地。或因其產，或因其食，隸之臺治。商引料價，批雜稅，割太倉之半，分畀臺使；開中者飽其自募，牢盆稍食稍取給焉。川湖、六霍，茶荈之所出也，鐵、鉛、銅、錫爐、甘、苧、竹有所產；吳、松原鹽，濱江廬荻魚利，山後石煤，邊番互市，福、廣番舶，滸墅、臨清、九江、蕪湖、梅嶺、錢塘以放關市船、碁布絲縈者，間飽漁侵；使臺使諸得自領會，出其餘以佐他鎮之歉，迫臺無上計，部無授程，悉俟九載以奏其出納，而納其奇羨。于是因贏餘飭六師精器備、廣城堡、溢賞格，走死智勇於邊徼殺戮之地，爲天子使。是故中國，財足自億也，兵足自疆也，智足自名也；不以一人疑天下，不以天下私一人。休養厲精，十佻粟積取威萬方，濯秦愚，刷宋恥，此以保延千祀，博衣弁帶，仁育義植之士旴，足以固其族而無憂矣。

慎選第四

萬族烝烝，各保其命，各正其性；所以爲之者，豈非天哉？飲食而有血氣，陰陽而有生死；天之同人于物也，出塵舒光。漂輕存重，變不變以爲信智，敢不敢以爲仁勇；拔萬類而授之人，拔人族而授之聖賢之族；天之異人于物、異聖賢于人也，同者爲賤，異者爲貴，以有尤貴滋性而統君之。無同則害命，無異則淪性。故聖王齊物以爲養，從大之同也；別物以爲教，寵天之異也。從者差養，寵者辨教；澂汰滓魄，濯洗清明，分萬命，理萬性，揀其粹白以珍之萬族之上，所以助天而保合和者，始于大公而終于至正也。

《虞書》曰："日宣三德，夙夜浚明；有家曰嚴，祇敬六德；亮采有邦。"一等而下之，知九德之有天下，明矣。家邦以給之，三六以別之，德以畫之，浚乂成事；來章一人，天下之大，萬民之衆，審其所撰，忖其所藏，由臣之不虛貴也，知主之不虛王也。如此，則踞天位而長萬邦者，彼何人哉？德未至不敢干德，已至不敢越；井井然猶牆堞階陔之絫上，故奇傑意消，聰明思返，卒以奠大寶而俫尊親矣。故同異貴賤，差辨此六數者，聖王所以正天下之性，效陰陽之位也。而一以胥天下之和平，尚其所尊，而鼓鐘以樂之則和矣；量其不能，而桑苄以安之則平矣。故怨讟不起而姦宄息也。

三代以降，漢之選舉，以郡邑州將；曹魏六代，以大小中正。始于揚汰，終于浮濫，褻薄天寵，流觴偷競者，往往弊自上開，而當其嚴整，猶有差別之足紀焉。隋承陳梁之末造，宮體先摧，文爭實長；其曼聲曳趾挑綺拾英之流，習濫于崇朝科目之興，尋遠古則然，世會所爭，能逆流而泝之上矣。因緣其軌，欲以稍靜天下者，固當心載大公，較隆天秩；則異非所異，而寵殊所寵，猶可以徐俟和平，來附人心，而明貴賤之級。流及于宋，竊竊然唯恐天下之異心也。師武瞾之智，開籠絡之術，廣進士、明經、學究之科，下逮七科乙等之目；推郊祀、任子、異姓甥婿、門客之恩，搖蕩誘餌天下於堂陛嫌微之際。而當時桀黠者，亦微測上旨，倒持來去以邀榮臁。不得，則李巨川、張元、吳昊之流，憤起而播其亂；其君臣之間，猶發篋行僧之相爲禁持。故和平去心而粹白失性，胥中區而淪虐於獸心之俗者，非無所自開其源也。

近世之爲政者，踵而用之；增文學，益解額，倍制科，升乙榜，推恩鄉貢職，名不足綴冗員，速資格以濟之，而天下之怨亦由是而興。夫天下恩之不勝恩也，怨之不勝怨也；恩之所止，怨之所流，故曰和大怨者必有餘怨，而竊天地之恩以鬻販人民而膠飴其心，施天下以私而責其公報，猶假敵戈鋌望其稽伏，其不傷脰陷胸於彼者，蓋亦尠矣！《詩》曰："鳲鳩在桑，其子七兮！"淑人君子，均平專一，而風流雛縠，無私之謂也。故孔子射于矍相之圃，退者十九；早知不能而使退，故法嚴而怨不起。今廣其科目於此，人倖得焉；而得者百一，則怨一矣。捷其資格於此，人倖速焉；而速者十一，則怨二矣。兩者，皆以恩天下也，而貿其怨；故士自授經成讀，昧偏傍，盲語助，老死童子者，皆有怨心。其極則蹋六卿，登黃閣，皓髮返林，賜錙馳驛，祖帳輝煌于傳亭，而間語乘輿，猶戟髯把擘呢塞而不得語。彼親天子之側者，乖沴橫塞，奴虜駔販如此；其他上倖下流，畜狡伺而幸翻覆，侵尋沈淖，尤不知其所屆。是何也？始誘之以甚易，而後繼之以極難也。弓之解也，膠液筋緩，則熯而張之；承今之敝，建小康之術，莫若先其甚難，而後稍授以易。先其所難，則知不能者退矣；猶羼相之射也，廢然而無妒媚之心矣。

是故以賢者廁不肖，不肖者忮；以不肖者廁賢，賢者慙。慙發于賢者，故拾橡織絇，憤棄君父之憂；忮發于不肖，潰決姦宄，鬱不可折之勢以讎君父，長亂階，不瀕之亡而不止。坤之履霜，不肖之忮也；括囊賢人，慙也，隱弒逆作相乘之理，漸不知保，豈一朝一夕之故哉？是故順異同，立差辨，以小人養君子，天之制也；觀其所養，故養而不窮。今一邑之小，補生徒者養於民，成歲貢者養於民，偕鄉計者養於民，登進士者養於民，授職官者養於民：五絫而上養之益豐，五降而下養之益繁。而又無以觀其所養，博泛叢鬭，登進苟且；其一切所爲，卒無以異於閭閻。拚除卒伍之行籍，起上流尸避徭役，公私謁請，流連嬉譾，以操細民之生命；其不一旦得當裂冠冕而洩其不堪者，寡矣！裁生徒，節貢舉，省進士，謹資格，持之以難，擇之以慎；天下乃曉然知上所尊尚之旨，其不容苟且如此，而抑歡然奉養，於長史孝秀而永謝其望心。況絫是而上享玉食、蹈天位者，不愈震耀肌魄以推戴莫京哉？

故差其所養，別其所教，執相成而功相倚也；王者規天道，長萬族，順其所從，珍其所寵，則性命正矣。絫上以爲益尊，則天位凝矣；忘恩以遠怨，則和平臻矣；節養以息民，返不率以歸農，則民志定矣；革陋宋鬻販之私，則大公行矣；百年之內，乘千歲之弊，仍科目而減其額，核資格而難其選，則始基立矣。然後抑浮藻，登德行，立庠序，講正學，厲廉恥，易科目，升孝秀；俟之必世之後，而天氣清，人維固，禽心息，口行泯，沄沄陶陶，大和旋復。《詩》曰："文王在上，於昭于天。"言其贊助清明而扶光霄極叶天道也。

任官第五

　　董子曰："仁者，人也；義者，我也。"以仁愛人，以義制我；以仁愛人，不授以制而盡其私；以義制我，不私所愛而厚其凝。惡有爲天下王者，自愛而制人，可以宰九州建干襗者乎？且誠非所以自愛，天有四時五行四方，各位其位時其時，不疑冬之凄苦而間以燠，不疑夏之歊暑而間以寒，不疑西北之有崑崙，崇墮崟崔，隔已而陵夷之，不疑東南之有尾閭，淫浸沈沒，汎❶已而堙燥之。四時五行四方，各行其職，胥以歸功，蓋相報也。《詩》云："投我以木桃，報之以瓊瑤。"言齊桓推亡固存，以誠信禮衞，燬以兩河胉吻之間而不相異，故取似實果而贈美瓊瑤也。王者拜覢天醮，宅履中區，感河流光，承劍啟玅，以貽後世；得之丁甯，付之鄭重，固其所也。然三五之代，以歷迭興，或及身而授，或數十世而授，卒不越神明之允惡；有如趙宋之削其援、弱其族以口之口口者乎？彼耶律完顏、奇渥溫之初始，亦嘗分尺土、籍一民，伏莽齾蹄以爲窺竊之資也哉？若晉宋梁唐之末造，僭傴孤寡，權壑上流；彼畀受苟簡，曰習而次垂之，此又無庸致怪也。

　　流風沿遞，疑積相仍，乃至論道三職。喉舌之司，六官之長，旬宣之使；下及郡邑，城不足百雉，戶不滿三千者，盈天下而無非疑也。以爲不可疑也，是戈矛填心而黔皰割腕也；以爲可疑也，是授蹻蹠以籥鍵而稍滯其戶牡也；以爲疑在此而制以彼也，是

---

❶ "汎"字原缺。——編者註

忌貍竊維而聞之以孤也。舜之命官也，禹陟司空，宅百揆，棄爲后稷，契作司徒，皋陶作士，伯作秩宗，夔典樂，教胄子，龍作納言：各專其采。雖稽讓從容，后心載兪，而旁任必咈。其汝諧以往者，共工百度之藪，虞理名山大澤之長也；故勞謝專尸以體其愛，道孤獨贊以去其制，則仁義立而天工亮矣。

天地之氣，刑德相召，禍喜相感；甘草兆熟，苦草兆飢；醴泉甘露，不流桀池；夾珥陰風，不淒堯宇。誠由誠往，疑用疑來。是故五臣十亂，鄭留、馮鄧之侶，布心灑血而不恤，彼有以召之也。李廣射石，非虎也，而飲金沒羽。誠以拔之，則小人革面；疑之任之，則君子寒心。

是故豫生飲藥於趙都，百里行哭於秦族，越石授命於幷陽，袁、劉糜姓於臺下，楊業介馬以喪元，余闕憑城而濺血：此數子者，事二姓，弃舊君，比匪類，仕僞邦，非有皦日白水之疇昔也；而一旦甘死趨禍，大貿其夙夜之狂心者，豈非任服躬而難委，誠推心以必釄者乎？故專任者不期報而報臻，疑投者不期歎而歎應矣。今命官之制，在外者一縣之令，丞簿不聽命焉；一郡之守，同知判推不聽命焉；一司之使分，以左右二參副僉不聽命焉；文移印信，封掌押發，登於公座，唯恐長官之或踰也，而鉗束之如胥吏。行未百年，法已圮壞，猶使藉口公座，脫獨尸之咎。疑制之患，已大可覩；又復分其屯田、水利、錢法、馹傳、鹽政，分爲數道以制司道，立分司督察、巡守、兵糧之務以制郡；巡按之使，絡繹馳道，循環迭任，無隙日月以盡制之。所以制外者，無遺力矣。在內者，取都督一府而五之，閒之以同僉六部卿貳，或七八員，都堂大理通政太僕以下，雖有長貳之別，而事權散出，不受裁制；黃扉論道之席，至永刊極刑以瘝其官。其文移印信封掌押法，公同朝參者，猶外也；復使給諫御史巡視刷卷以制之，卒有爰立大僚邊關盜賊、建置河漕、三禮疑似之事，所部不得決，又設會議、抄參、私揭以制之。所以制內者，無遺力矣。以一人敵天不之力，以一代敵數百年之力；力窮法匱，私蠹蝕爛，乃使相委而謝之。非已之專事也，則是開以滑避之徑，而絕其功名之塗也，豈不拂與？

夫一職而分官以領之，連銜以轄之，所以疑制不肖也；人材之數，曰賢，曰不肖，曰中人。賢制不肖則不肖懼，不肖制賢則賢者憂；中人制不肖則惡不弭，中人制賢則善不長；賢制中人則疲於效命，不肖制中人則靡於朋淫；賢制賢則意見差，不肖制不肖則聲氣叶；不肖懼則裂而傷賢，賢者憂則引而避不肖；惡不弭則忌憚益忘，善不長則登進無助。疲於效命則事會圮，靡於朋淫則媚術張；意見差則乖左折衷，聲氣叶則膠固兩利。然則疑制者，唯兩不肖而後諧也，亦將大違其疑制之始心矣。

天原道，君原天，相原君，百官原相；大哉滂沛，萬登而綱紐尺握，乃以禁制朕兆，膏泛羣族也。今以天下之大，選賢簡德之繁且久，不能得一二心膂之臣，任以論思，乃靳然果廢其官。夫唯開業於風雨，英敏神靈者，拈萬幾，統一心，無所凝滯；過此以往，奏報日宂，陳案日仍，晏安日藉。聲色玩好，禽馬柔曼，淫音幻技，日進於深宮；外勞內蠹，其不折而入於中奄者，無幾也。故胡惟庸、汪廣洋之禍，消於綸扆，移於涓寺；而萬安、焦芳、黃立極、丁紹軾之徒承頯頤，奉密教於北門者，且波溶瓦散而不可救。元氣痿，大務闊，民愁閭左，士歎十畝，粻空於野，金蝕於藏；彼損此讓，晉囗囗而囗之大囗，可不痛與！則仁義不立，而疑制深也。《傳》曰：「賤妨貴，新間舊，小加大，逆也。」故王者制名，天下奉名，百官赴名；倒其所制，昧其所奉，貿其所赴，則將賤爵祿而重事權。爵祿者，天之秩也；事權者，上之意也。菲天秩則士薄功名，尊上意則人喪廉恥；是以王者慎名，名正則任重，任重則責隆責隆，則政理矣。今夫學士之秩，五品也，使立於九卿之上，賤妨貴，小加大，背螯凌遲者，莫甚於此。則將使天下蝸瞀蠅營以趨事權，而天秩之自然，蕩然不可復稽。夫虛一品之置者，斬其愛以制物也；愛以我私而制盡人族，與仁義背馳而求治天下，亦難矣！

給事，御史之秩胥，七品也；給事以巡視遣，御史以巡按遣，則操六卿、兩司、大臣之臧否，以亂其掌。故彼之歷職，任絫歲時，登進崇階，代天工，作民牧，其前效已可睹也。早知不能廢之而已，乃升新進，誇小臣；翻戾趾肘，使黃髮卿尹，呵斥所轢者，屏息躡踵、襝繡隅坐以承其欬笑，不亦左與？故主員其名，莫不貴之也；賤其名，莫不賤之也。制名以任賢能，疑名以尊意旨，浮薄長進，權藉推委；效著於偶然，而垂為法制。故人紀賤而天維缺，非建國不拔之典矣。唯除疑制者不然。尊其尊，卑其卑，位其位，事其事，難其選舉，易其防閑，公其心，去其危；盡中區之智力，治軒轅之天下。族類彊植，仁勇競命，雖歷百世而弱喪之禍消也。

大正第六

昔者，三五之王也，推五德，承終始；其原本灑被嬗革之際，如平旦之受夜，虞淵之受晝也。後世五德失墜，治無主尚，以意爲輕重；至於湔惡俗，拯民療，刱業中興，莫不有彷彿之意焉。粵自成湯革夏配天，伊尹、仲虺以弼之，一德馨聞；廷野革而不數十世，而故家大族，盤枕膏腴，湛溺財賄者，以亂阿衡之治。故盤庚之誥曰："無總於貨寶，生生自庸。"由是言之，凌遲乾沒，紹治而啟亂者，明主所深患也。《傳》曰："國家之敗，由官邪也；官之失德，寵賂彰也。"可不戒與？

天以五行養萬民，食於陰，飲於陽，衣被榮毳，侑佐鹽醴，水滋土敦，木實火調；若此者，民承養於天，無須於王者之制，而流盪生死縈紆往來，通愚彊之力，致文弱之養。金之爲用，王者所加於天以損民而益之上也；故水之德潤，木之德成，土之德安，火之德化，金之德賊：是以聖人尤難之，行於不得已而用其利，戒於禍之必尅而制其賊。愚彊者寶之以勸其功，文弱渚賤之以殺其濫；沃以所寶，則小人和平；教以所賤，則君子彊固。此爲節宣五行而勝其害氣也。其有不率教者，於是訶斥以辱之，裔夷以逖之，繹棘以錮之，刑殺以威之。

夫王者之於萬姓，視猶一父之子也；其聰明文辨便數彊固者，亦克家當戶之子也。則豈不慘怛割裂涕洟於刑戮之加哉？而其受五行之賊，犯王者之賤，越幅敗軌，沈沒淫濫，螟螣細民，愁痛孤寡者，則尤恝然以忍之。《詩》曰："去其螟螣，及其蟊賊，無害我田穉。田祖有神，秉畀炎火。"言遠害也。今夫農夫濬耕，紅女寒織，漁凌曾波，獵犯鷙獸，行旅履霜，酸悲鄉土，淘金採珠，羅翠羽，探珊象，生死出入，童年皓髮以獲贏餘者，豈不顧父母、拊妻子，慰終天之思，邀須臾之樂哉？而刷元鬢，長指爪，宴安諧笑於其上者，密布罼網，巧為射弋，甚或鞭楚斬殺以繼其後，乃使縣磬在堂，肌膚剝削，含聲隕涕，鬱悶宛轉於老母弱子之側，此亦可寒心而栗體矣！而以是鼓聲名市，奏最漁獵，大官貤封，門蔭層累，封塋以至於無窮，則金死一家，而害氣亦迸集焉。夫故家、名族、公鄉、勛舊之子孫，其運數與國家為長短；而賊害怨咨之氣，偏結凝滯，則和平消賈，傾否折足，亦甚非靈長之利也。即或狼藉著見，挂吏議，左降褫錮者，猶啣舟絡馬飛運以返鄉里；有司賓之，鄉社祝之，閭里畏之，廣頃畝，益陂池，敞榭邃房，鼓鐘妖舞，春容魚雅，以終其天年；錮石槨，簪翁仲，梵唄雲潮，以榮施於重泉之下；而遊佻公子，發其贏餘，買越娃，擁小史，食游容，長夜酣飲，驟馬輕紈，六博投瓊，而散猶未盡。亦惡知向之朘削零丁者，已滅族斬首於寒阡荒塋之旁也？豈不痛與！

趙宋之有天下也，解散法禁以惑媚彊智而苟固其位者，可謂泰矣；然京朝長吏以贓賕敗者，其刑大辟，歲論決，若而人，無所赦法，合世重惠，逮孤寡以振起五代之殘劉者，有足重焉！降及太宗，減大辟，流沙門島，而濫觴起矣；真宗以還，復減流島之科，刺配腹裏軍州。天書降赦而後，此法愈減，貪墨跋扈、運警尺水者，恣無所恤；而蔡京、王黼、韓侂冑、賈似道之流，鳴上風以登飛鳥之音矣！韃靼九十年間，其狼戾睢盱者，不僅在阿合馬、桑哥之尤著。

太祖起田間，尤慘其所為，故刑法嚴厲，夷風以革；數傳而後，僅以大計褫削。當炎火迎貓之刑，無惑其裂廉隅而莫懲也，律法監臨主守盜公物盈貫以上,積至死罪,而敕使守臣郡邑之長,獵部民極鉅萬,不以抵辟;繹成湯之責,尋仲虺之言,亦已誖矣!《詩》云:"君子如怒,亂庶遄沮。"承貪亂之餘,不以刑辟整絕之,未有能齊壹天步、柔輯悍獨者也。天地之奧區,田蠶所宜,流肥瀦聚,江海陸會所湊。河北之滑、濬;山東之青、濟;晉之平陽;秦之涇陽、三原;河南大梁、陳、睢、太康,東傅于潁;江北淮、揚、通、泰;江南三吳濱海之區;歙、休良賈,移于衣冠;福、廣番舶之居僦,蜀都鹽、錦,建昌番布;麗江氂氈金碧所自產,邕管、容、貴,稻畜滯積。其他千戶之邑,極於瘠薄,亦莫不有素封巨族冠其鄉焉。此蓋以流金粟通貧弱之有無,田夫畦叟鹽鮭布褐、伏臘酒漿所自給也。卒有旱澇,長吏請蠲賑,卒不得報;稍需日月,道殣相望,而懷百錢,挾空券,要豪右之門,則晨戶叩而夕炊舉矣。故大賈富民者,國之司命也;今吏極亡賴,然朘刻單貧,卒無厚實,抑棄而不屑,乃藉鋤豪右,文致貪婪,則顯名厚實之都矣。以故粟貨凝滯,根柢淺薄,騰涌焦澀,貧弱孤寡,傭❶作稱貸之塗窒,而流死道左相望也。漢法積粟多者得拜爵免罪,比文學孝秀;今縱鷹鷙攫獵之曾不得比于媮惰苟且之游民,欲國無貧困以折入于口口,勢不得已,故懲墨吏紓富民而後國可得而息也。

《易》曰:"觀盥而不薦,有孚顒若。"陰長于下,連類遂志,刑害陰私,貪吝汙鄙,偪天位而無忌。故聖人神道以示觀,退省其躬,行不言之教,成加民之治。故曰:"下觀而化。"慎所示也。

明興,家法忠質,宮庭潔清;無別館、離宮之崇飾,龍舟、步輦、馳道、旁午之游觀,無置騎飛舸、千里割鮮、銅狄花石之供,無算車、料產、均輸、酒酢、香藥、子母責息之利謀,覦道盡

---

❶ "傭"字原缺。——編者註

矣。而貪沿下游，極重不復者，法教不施而風俗苟簡也。州縣之制以差選人者，唐宋分畿、赤、次、雄、望、緊、上、中、下凡九等，以分別資格，升降除擢而止；今吏部之注府州縣，分糸以瘠、饒、淳、頑，進士、乙科、鄉貢、任子視以除授，則將部、臺、藩、臬、分司、歲時、生辰、荐獎之苞苴視以厚簿，欽使往來，供億勞賄。車船之悉索，視以苟簡；而長吏之乾沒其民者，亦將視以衰益。胥上下之耳目，交注於淳饒，而其憝可知也。抑縣垂格範，爲割密分羹不刊之則，固授之以亡廉消恥之術遒矣！古者，未命之士，食如其力；等而上之，亞於國君，位次升，祿次腆，車乘家老次備，贈答宴祭次隆。故延州投縞，子產獻紵，足於已而無藉於物也。今萬戶之邑，十萬之都，皆古諸侯之治也，稍給祿養不逮家臣；居禁掖登小卿者，劣食十口，賓客服佩之不給，郎官冗散，稱子息，仰給賃家，指擬差道，外除以售所貸，而子弟橫鄉里，尸獄訟，以僅完田廬。徒廣其科目，易其升擢，博置員額以誘其仕心。祿入已菲，米鈔又折減其什五，率天下養百官而不足，縱百官食天下而有餘，此何異饑鷹以攫雉兔乎！請罷勸貪之的，革饒瘠之目；除授之別，以輕重、邊腹差等其發色，而祿石傔從、薪馬、紵絲、公私宴答之給，授以本色而豐溢之。不率，則刑辟擬其後，而無仁恕之歉也。

比國家之加惠搢紳者，下逮休廢，尤爲淪洽；起廢員，晉勳階，有大慶則播爲恩例，其非制科，不登五品者，賓於鄉飲酒禮。而髦荒畜厚之家，跡絕金闈，猶走謁要津，窺倖慶典；清白縣車者，復恬靜自遠恩外。抑褫奪、靡戌、狼籍、篋脫之寒灰，晉與飲禮，終日百拜，清酒九酯，習爲優戲。榮施愚目，而自好者莫不非笑之。今爲之定制，諸非居任以廉最者，雖邊功建言，不得與起廢晉階之科；其尤沉沒之倫，遇鄉飲酒，齒之下座以折辱之。而告老閒住者，買聲色、教歌舞、廣亭榭，不以儉率子弟，所司歲具上聞，追還封誥，齒於儓民；帛鏹終於在笥，桑榆鑒於口口。斯不肖銷心而賢廉得意，亦移風振俗之一道也。

　　學校者，國之教也，士之所步趨而進退也。比者，邑直郡設，鳴琴釋菜，虛氣歲修；官掌故者，垂老氣盡，漁獵生徒。學使獎行絀劣，率一二人視掌故；郡邑之喜怒，士之誦習帖括者，固已羔鴈視之。寓目橫經，則朵頤溫飽；廉恥風衰，君師道喪，未有如斯之酷烈也！今即旦暮不能廢隋宋之格而稍滌正之，尤當以行相參定其殿最；如較文之等，州縣之長，起乙科，廉靜文弱，才不任劇者，改邑教授郎舍，守令起制科者改郡教授，晉其秋如先所任，紀其教成以爲禮曹太常、國子學使之選。或鄉老休致者，郡邑得聘領之，爲之授兼經，講正學、考辨同異、究性命[1]；舉於鄉者，不通四民之旨，及因緣長吏與聞獄訟者，學使猶得按而黜之。以需數十年之後，廉恥厲行簡修學術焉，然後革詞章，慎鄉物，較隋宋，媲庠序；雖有泛駕之士，亦戒足沉溺而正衿稜觚矣。故王者養賢以養民，口口以配天。繼於其亂，先以刑禁；繼於其治，終以德化。相因小民之疾苦，則焦頰焚灼；妖怨亟起，而欲望建惇和以迓祥吉者，是孳息螟蟘而冀登嘉穀也！

---

[1] 此句有缺文，據他本，作"講正學、考內行、辨同異、究性命"。——編者註

離合第七

中區之間，軒轅所治，大禹之所經；維起勾注之西，迤石梯，畫黃河，東逾白登，阻桑乾。複山疊嶂，界以野狐、居庸翩之險，極東盡渝關，憑海陽；其外亂岫荒原，豐草大泊，曾水酷寒、毛革略乳之鄉，殊形詭嗜，以訖北維之止。西自黃甫，川阻奢延之水；度鹽池跨南河，有賀蘭、燕支、車箱、雪山之險，以西極乎青海，黑水逆流而南放乎湟洮；其外平沙朔野，橫吹萬里，間以西戎。積石而南，西傾、三危、烏櫺、太白、岷、嶓、嚴道、越巂、峨、崍，經脊地岫，峻削崩奔；其內羌沔大江，若沫支流，傾潤乎中國；其外綆流沙，赤土頭痛，積雪夏飛之野，戒以碧目鼇面、剪髮環耳之俗。滇、詔之西，金沙、潞江、麓川之水，羊腸盤曲，南結以護嶍、岷之塞，放特磨，界交趾，以絡乎廣右。其南則邕部、百粵、鐵圍、鬼門，狼夷高髻籐笠之族，東被而盡乎海濱。渝關以南，巨浸浮絕，潏沸淳泊；南歷沐榆、之罘、琅琊、海門、三江、舟山、鴈蕩、霍童、紫帽、甲子之門、羅浮、七星，以柱南維；過崖碉而西，接合浦而界以日南。其他東遼水，北開平，西瓜沙，南哀牢、緬甸、交阯北戶之鄉，蓋中區之餘氣也。

崇巒沓嶂以垣結之，沙衍茅葦以紛彼之，絕壁縈澗以降畫之，瀚海尾閭以凝蕩之；其中帶束脈繞，摶聚約固，寒暑相劑，言語相譯，形象相若，百穀相養，六畜相字，貨貝相灌，百川流惡，羣山蔭夕，以翕成乎中區之合自無之合也。天地之氣，輔其自然而循其不得已；輔其自然故合，循其不得已故離。是故知天地之畫夜者，可與語離合之故矣；行其不得已，知其有離不得已者，抑自然之所出也。而後統以三條，分以兩戒。郭景純、僧一行、朱元晦之說，由此其選焉。中區之形，首建乎西北而窮乎東南；支山自主，支水自戒，文武自俗，阨塞自理，大河中畫，北燥南潤。火故潤之，水故燥之，天地所以節陰陽也，而遂有不相需之時以成南北。河北則桑乾以南，恆山之支，歷井陘、少山、黑領，伏牛羊頭峙，以太行、王屋窮于中條，委于河。而太行之東，淇、洹、漳、渦湊山東者，成爲一區；河右則割黃流，浥秦川，南窮于褒、斜者，或稍與山西合而離乎河山以東；河南則出潼、殽、嵩、少熊耳、桐柏之山，東延成臯，南間平靖、黃土、木陵、岐領，結爲灊之岳，以漸乎江，是大江之所守也。江南則岷峨南垂，放爐水以北，逕牂牁出夫夷，東被衡山以盡乎彭蠡；而上庸之北障，以武當沿沔而西，北極武關，縈紆漢中，限以大散，南赴荊門、歸峽，窮於沅、酉。江東浙嶺、漸江分以太湖，閩有武林、仙霞、杉關之隘，粵有五嶺、瀧水、秦城、潭中之塞；若此者，旁條畦列，亦乘天地之間氣，率以爲離也。間氣際離，純氣際合；合氣恆畫，離氣恆夜。無平不陂，無往不復，否泰之所都也。

雖然，亦存其人焉。昔者軒轅之帝也，上承羲炎，下被有周；敦親賢，祚神明，建萬國，樹侯王，君其國，子其民，脩其微圉，差其政教，順其競綠，乘其合，稍其離，蚤爲之所，而無誇大同。然後總其奔奏，戴其正朔，徠其覲請，講其婚姻，締其盟會；系以牧伯，糾以州長，甥舅相若，死喪相聞，水旱相周，兵戎相衛，仕宦羈旅，往來富貴，相爲出入。名系一統而實存四國，此三五之代，寓渙散于糾纏，存天地之純氣，而戒其割裂；故氣應以正而天報以合，數千年之間，中區之內，闇闇如也。

秦漢以降，東南一尉，西北均候，綴萬國于一人之襟，而又開河西，通甌洛，郡朱崖，縣滇筰，其合也泰焉；物不可以久合，故河山條派奇傑分背之氣，率數百年而一離。建安以後，裂爲七八，而離爲三；太康合之，未百年而又離，播爲十六。宇文、高氏稍合，而別于江左者終離爲三；開皇合之，未三十年而又離。以逮乎武德而後合者幾三百年，天寶亂而河北小離，廣明亂而幷晉、大梁、幽冀、吳、越、閩、廣、荆、湖、兩川之草據者，不勝離也；雍熙合之，而燕雲終離，未二百年而卒離，爲一韃靼驅除其離，以授其合于洪武。祥興以後，中區之氣，永合于茲者四百載矣。是故合極而亂，亂極而離；離極而又合，合而後聖人作焉，受命定符，握樞表正，以凝保中區之太和，自然之節，不得已之數也。天且弗能違，而況于人乎？故太史儋曰："始秦與周合而離，離五百歲而復合；合七十餘歲，而霸王者出焉。"終南、汧、渭之交，周秦之先所合處也；平王東遷，棄其故地，秦阻殽函，東西並峙。其後守府僅存，四伯迭起，不能復問豐鎬之王蹟；迄于戰國，瓜分瓦解，而河山以東，僅敵一秦者，東西相離之大致也；故三川幷而天下一，驅除盡而漢祖興。由此言之，離合之際，非深識者不測其旨矣。

夫三五而降，其得姓授氏，爲冠蓋之族，或稍凌夷衰微，遷徙羃占，南屯北戍，逮爲殊俗者，其始皆數姓之允胄矣；精脈嬗演，筋肉同抵，姻亞僚寀，歡若臂腋。迨其渙散，不可尋憶；則有兄弟互鬭于原野，甥舅各奋其戈鋌，血肉狼籍，巴吞鳩禁。此非慘心痛髓之事，而天地之所深悼哉！然而聞其害氣則姑且聽之，行其不得已，尤懼其壞潰而無以捄其孑遺；則原坂以阻之，江河以塹之，金鐵、粟米、鹽鹵、皮革散其產以資之，賢豪材勇各君其地、師其師以長之。是故合者，聖人之德也；離者，賢人之功也，今戒其或離而求致其功，所以因條戒，絡地脈，靳天寶，采物傑，因民志，建規撫者，無庸襃耳經維而蔽目規畫矣。南條之紀，不得熊耳、冥阨、壽春，不足于守。中條之紀，不得楊劉、曹濮、河內、太行，不足于守。東條之紀，不得虎牢、廣武、少室、熊耳，不足于守江。漢之紀，不得荊門、上庸、襄陽、舒、皖、濡須，不足于守。坤維之紀，不得武都、天水、仇池、陳倉，不足于守。武林放海，餘氣也，不阻太湖，不足于守。五嶺窮於蠻中，餘氣也，不左洞庭、右彭蠡，不足于守。用文之國，士馬佻脆，數戰以逞；魄浸耀，氣浸衰，而不知因長以攻瑕者，不足于守。珍先王之典器，葆其訓物，崇廉恥、敬臣民，厲風軌，敵苛虐，武建以邀輔皇天而故反其道諧于霸夷者，不足于守。魚鹽、秔稻、錦綺、璣象，宅其地，登其盈以爭長，靡麗嬉蕩，民心而弱敗之，不足于守。不制其臣，不珍其寶，盜竊偷步，禍發堂簾，授敵間而乘之，或懲其道，上猜下離，自棄其輔，偏一於此，不足于守。此十一不守者，賢者所必鑒也。故地有必爭，天有必順，氣有必養，誼有必正，道有必反，物有必惜，權有必謹，輔有必彊：取"必八術"以遂其功，所以愍愛餘民，捄害氣于十一，抑可以爲百年之謀矣。

《詩》曰："旣順迺宣，而無永歎。"順民之離遏，以經其畛畔，遏救殘劉，消弭啼怨，公劉之所以延天篤也。或曰，天地之數，或三或五，或五或三，百年而小變，千五百年而大變。由軒轅迄桀千五百年，禪讓之消，放伐變之；由成湯迄漢千五百年，封建之消，離合變之；由漢迄乎祥興，千五百年，離合之消，純雜變之。純以紹合，雜以紹離，純從同，雜亂異，同類主中國，口口口口口，各往其復，各泰其否。然則授天命以振三維者，非獎掖中區，宰制淸剛，作智勇之助，驍悍磽駁之氣，固不能早絕純雜之消，反之于太古軒轅之治，後之治也，而無所俟焉。嗚呼，非察消息、通畫夜、範圍天地而不過者，又惡足以觀其化哉！

編後記

　　本書整理者許嘯天（1886~1946），字澤齋，號嘯天，別署嘯天生、嘯天廬主等，浙江上虞人。早年在《蘇報》發表文章，深得章太炎的賞識。後又致力於戲劇，能編善演。1914年，許嘯天與其妻高劍華創辦《眉語》雜誌，成為鴛鴦蝴蝶派的名刊之一。新文化運動興起後，許嘯天提倡新文化，致力於古代文化典籍和古代著名小說的點校和闡釋工作。曾以新式標點校點《黃梨洲集》《顧林亭集》《王船山集》《朱舜水集》《顏習齋集》（合為"清初五大師集"，《王船山集》是其中的卷三，知識產權出版社《民國文存》第一輯對這五卷均有收錄）以及《紅樓夢》《三國演義》等，又以白話註釋《詩經》《戰國策》《史記》等。許嘯天著有小說、劇本多種，在小說創作方面以歷史演義題材為主，其中以《清宮十三朝演義》流傳最廣，曾被改編為京劇，原作亦多次再版，此外還編著有《文學小史》《中國文學史解題》《國故學討論集》等。1946年抗戰結束，許嘯天返回上海，任上海誠明文學院教授，創辦嘯天講學社，教授中國文學史，兼事寫作。

　　許嘯天在《王船山集新序》中說王船山這位"苦志的著作家"，"一番經史的事業，使學問近於實用"。王船山即王夫之（1619~1692），字而農，號薑齋，晚年又號船山病叟，世稱船山先生，湖南衡陽人。王夫之是明清之際的思想家，與顧炎武、黃宗羲並稱為"清初三大儒"。明亡后，王夫之曾任南明桂王的行人。南明亡后，歸隱衡陽石船山，閉門讀書、著述。他系統地總結中國古代樸素唯物主義，提出了"實有"的範疇；在認識論上反對"知先行后"，認為"知不可兼行"；歷史觀上反對復古，提出"勢之必然處見理"。王夫之學識淵博，對天文、历法、数学、地理学等均有研究，尤精于经学、史学、文学。其著述經鄧顯鶴整理，同治二年又由曾国荃等增益刊刻，"海內学者始得見其全书焉"（《清史稿·儒林傳》），由此王夫之的著作廣為流傳，影響深遠。

本書依據群學社1926年1月付印、1928年再版的《王船山集》爲底本進行整理。王夫之一生著述甚豐，許嘯天在此書中選取的是他認為"涉略先生學問門徑"的《思問錄》《俟解》《噩夢》《黃書》這四種，"使讀者了解他一部份的人生哲學"。編輯在整理的過程中，版式上將原來的直排變為橫排，以便於今人閱讀；儘量保持民國時期的語言文字原貌，如文中的繁簡混用現象，並未加以改動；對底本中需要補充或明顯錯訛需要糾正的地方，以"編者注"的形式說明；底本已經使用了現代標點，但與今天的規範仍有差異，編輯以尊重原稿為主、依據現代漢語標點規則修改。另外，底稿中曾多次出現的方框（"□"）和缺字，則依據同治年間金陵刊刻之《船山遺書》等，儘量補全，以"編者注"的形式注明原處缺字。限於整理者水準，錯漏不當之處仍在所難免，誠望讀者批評指正。

韓帥　譚笑

二零一二年九月

《民國文存》第一輯書目

紅樓夢附集十二種	徐復初
萬國博覽會遊記	屠坤華
國學必讀（上）	錢基博
國學必讀（下）	錢基博
中國寓言與神話	胡懷琛
文選學	駱鴻凱
中國書史	查猛濟、陳彬龢
林紓筆記及選評兩種	林紓
程伊川年譜	姚名達
左宗棠家書	胡嘯天
積微居文錄	楊樹達
中國文字與書法	陳彬龢
中國六大文豪	謝無量
中國學術大綱	蔡尚思
中國僧伽之詩生活	張長弓
中國近三百年哲學史	蔣維喬
段硯齋雜文	沈兼士
清代學者整理舊學之總成績	梁啟超
墨子綜釋	支偉成
讀淮南子	盧錫榮

國外考察記兩種	傅芸子、程硯秋
古文筆法百篇	胡懷琛
中國文學史	劉大白
紅樓夢研究兩種	李辰冬、壽鵬飛
閒話上海	馬健行
老學蛻語	范禕
中國文學史	林傳甲
墨子閒詁箋	張純一
中國國文法	吳瀛
錢基博著作三種	錢基博
老莊研究兩種	陳柱、顧實
清初五大師集（卷一）·黃梨洲集	許嘯天
清初五大師集（卷二）·顧亭林集	許嘯天
清初五大師集（卷三）·王船山集	許嘯天
清初五大師集（卷四）·朱舜水集	許嘯天
清初五大師集（卷五）·顏習齋集	許嘯天
文學論	夏目漱石、張我軍
經學史論	本田成之、江俠庵
經史子集要略	羅止園
古代詩詞研究三種	胡樸安、賀楊靈、徐珂
古代文學研究三種	張西堂、羅常培、呂思勉
巴拿馬太平洋萬國博覽會要覽	李宣龔
國史通略	張震南
先秦經濟思想史	甘乃光、熊夢
三國晉初史略	王鍾麒
清史講義（上）	汪榮寶、許國英
清史講義（下）	汪榮寶、許國英

清史要略	陳懷
中國近百年史要	陳懷
中國近百年史（上）	孟世傑
中國近百年史（下）	孟世傑
中國近世史	魏野疇
中國歷代黨爭史	王桐齡
古書源流（上）	李繼煌
古書源流（下）	李繼煌
史學叢書	呂思勉
中華幣制史	張家驤
中國貨幣研究二種	徐滄水、章宗元
歷代屯田考（上）	張君約
歷代屯田考（下）	張君約
東方研究史	莫東寅
近世歐洲史	何炳松
西洋教育思想史（上）	蔣徑三
西洋教育思想史（下）	蔣徑三
西洋教育史大綱	姜琦